FASZINATION ERDE
SCHOTTLAND

Slains Castle, das nördlich von Aberdeen an der Nordküste gelegene Schloss des 19. Earl of Errol, inspirierte den Autor Bram Stoker im Jahr 1895 zur Niederschrift seines »Dracula«-Romans.

FASZINATION ERDE
SCHOTTLAND

Das typische Karomuster eines Kilts, »Tartan« genannt, lässt oft auf die Familienzugehörigkeit des Trägers schließen. Man unterscheidet den festlichen »Dress Kilt« vom schlichteren »Casual Kilt«.

ZU DIESEM BUCH

Der Stolz der Schotten auf ihr Land mit seinen vielen Traditionen, zugleich Ausgangspunkt kühnster Technologien, ist legendär – und er hat Charme, weil er Besucher nicht ausschließt, sondern als immer wieder gern gesehene Gäste willkommen heißt. Das zeigt sich in der Bereitschaft, den Reisenden einfach mal auf eine Tour durch die unglaublich schöne Landschaft mitzunehmen, oder im Pub, bei einem gemeinsamen Bier.

Geschichtlich betrachtet ist eine Reise durch Schottland immer auch eine Exkursion in prähistorische Zeit – erste Zeugnisse von Jägern und Sammlern hoch im Norden reichen bis ins Jahr 7000 v. Chr. zurück. Die Kämpfe der Völker um das weite, raue Land setzten später die schottischen Clan-Chiefs fort, die sich gegenseitig bekriegten; allein im Hochland gab es an die 180 Clans. Sie ließen das Land von Bauern bewirtschaften, paktierten mit Königshäusern und intrigierten zugleich gegen sie, und sie errichteten Burgen und Schlösser als Zeichen ihrer Macht. Inmitten gewaltiger Natur entstanden so Bauten, die bis heute geschichtsträchtig und für Schottland so typisch sind – Historie und Landschaft werden in diesem Land auf das Schönste miteinander vereint.

Gegenwärtig leben rund fünf Millionen Menschen im Nordteil Großbritanniens – ihre starke Verbundenheit mit der geliebten Heimat aus Bergen, Seen und zerklüfteten Küsten ist bis heute ungebrochen. Tradition und Fortschritt gehen hier Hand in Hand: Effiziente Ölförderung, modernster Schiffsbau, High Tech aus dem »Silicon Glen«, das Klonschaf Dolly – Schottland ist eine faszinierende Mischung aus Natur und Technik, aus Geschichte und Trend, bewahrt sich dabei aber stets seinen einzigartigen Charakter.

Die atemberaubende Vielfalt am Rande Europas zeigen wir Ihnen zuerst in geografisch gegliederten Bildkapiteln. Der Atlasteil hilft Ihnen dabei, die jeweiligen Sehenswürdigkeiten zu finden, und das abschließende Register, das die Bildband- und Atlasseiten miteinander verknüpft, enthält die wichtigsten Internetadressen zur weiteren Orientierung. All das soll Ihnen dabei behilflich sein, Schottland in seiner ganzen Vielschichtigkeit zu entdecken.

Wolfgang Kunth

Schafe begegnen einem in Schottland immer und überall: ob als »Blackface« im Hochland oder als urzeitliches »Soay Sheep« auf St. Kilda. Der Lämmermarkt in Lairg ist der größte in ganz Europa.

INHALT

Die wilde Schönheit Schottlands reicht von der meerumtosten Spitze hoch im Norden bis zum Berg- und Hügelland der »Southern Uplands« im Süden, das den Übergang zu England darstellt. Und wer bereit ist, jedem Wetter mit dem passenden Outfit zu trotzen, kommt dem Lebensgefühl seiner Gastgeber besonders nah. Die reizvollsten Monate sind Mai, Juni und September – und der August ist ein Muss für alle Festival-Fans.

Orkney- und Shetland-Inseln, Hebriden   8

In den Highlands   46

Im Nordosten   76

Pertshire, Angus und Dundee, Fife   96

Westliches Hochland mit den Inseln   104

Edinburgh und die Lothians   114

Glasgow und das Clyde-Tal   128

Im Süden   134

Atlas   146

Internet-Adressen mit Register   156

Der etwa 5000 Jahre alte Steinkreis »Ring of Brodgar« bestand einst aus 60 Monolithen, von denen noch 36 erhalten sind. Das Wahrzeichen der Orkney-Inseln hütet sein mystisches Geheimnis bis heute.

Die Shetland-Inseln bestehen aus rund 100 Inseln im Nordatlantik. Jeder Spaziergang dort bietet grandiose Ausblicke, wie hier auf die Klippen von Herma Ness ganz im Norden der Insel Unst.

ORKNEY- UND SHETLAND-INSELN, HEBRIDEN

Wind, Wolken und atlantisch mildes Klima: Vor der Nordwestküste Schottlands liegen die rund 500 Inseln der Äußeren und Inneren Hebriden. Vulkanisches Gestein, Schiefer und Gneis, weite Graslandschaften, Moore und über 100 Seen bestimmen die raue, ursprüngliche Landschaft. Die etwa 60 000 Einwohner leben auf knapp 80 der Inseln von Viehwirtschaft, Fischfang und Tourismus. An der Nordspitze des schottischen Festlands bilden die Orkney- und Shetland-Inseln faszinierend schöne Schlusspunkte im Meer.

St. Magnus (oben und rechte Seite) in Kirkwall ist die einzige schottische Kathedrale, die die Reformation heil überstanden hat. Alljährlich im Juni findet hier ein Musikfestival statt. Großes Bild: im Hafen von Kirkwall (altnordisch »kirkjuvagr« = »Kirchenbucht«), der Hauptstadt von Mainland.

10 **Schottland** | Orkney-Inseln

Mainland (Orkney-Inseln)

An ihrer schmalsten Stelle ist »The Mainland«, die größte der insgesamt rund 70 Orkney-Inseln, nur 2,5 Kilometer breit. Auf dieser Landenge liegt Kirkwall, Hauptort und Heimat für einen Großteil der etwa 15 000 »Orcadians«. Von der stimmungsvollen Hafenstadt aus führen Fährverbindungen zu den meisten anderen Orkney-Inseln. Kirkwall gilt als eine der schönsten schottischen Inselstädte. Im Zentrum sind noch viele Strukturen aus dem 16. und 17. Jahrhundert zu bewundern. Geprägt wird das Stadtbild von der St.-Magnus-Kathedrale, die Jarl Rognvald der Heilige im Jahr 1137 für seinen ermordeten Onkel Graf Magnus Erlendsson weihen ließ. Beide fanden hier ihre letzte Ruhestätte. Beeindruckend sind die mächtigen normannischen Säulen, die das Kirchenschiff der 75 Meter langen, gegen Ende des 15. Jahrhunderts im Wesentlichen fertiggestellten Kathedrale tragen.

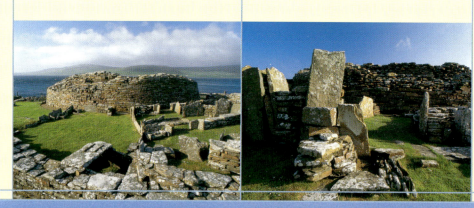

Typisch für den Norden und Westen Schottlands sind die »Brochs« – eisenzeitliche Turmkonstruktionen, als Fluchtburgen oder Wehrtürme genutzt und zumeist auf Hügeln oder Felsvorsprüngen thronend. Rechts der Broch of Gurness, unten die Steinzeitsiedlung Skara Brae (beide auf der Insel Mainland).

Schottland | Orkney-Inseln

GRANDIOSE ZEUGEN EINER UNTERGEGANGENEN KULTUR

Die größte Ansammlung prähistorischer Monumente in ganz Großbritannien findet man auf der Orkney-Insel Mainland. Die zahlreichen Zeugnisse der Megalithkultur sind nur zu Fuß oder per Fahrrad zu erreichen, doch die Mühe lohnt sich. Auch Reste von Wikingersiedlungen blieben erhalten. Größte Attraktion ist das ungewöhnlich gut erhaltene Steinzeitdorf Skara Brae, rund 16 Kilometer nördlich von Stromness. Wahrscheinlich war es zwischen 3200 und 2200 v. Ch. kontinuierlich besiedelt. Dann, so wird vermutet, wurden die Steinzeitmenschen von einer Naturkatastrophe heimgesucht, und für 4000 Jahre blieb das Dorf unter Dünensand verborgen. Im Jahr 1850 legte ein erneuter Sandsturm die prähistorische Siedlung wieder frei; spätere Ausgrabungen brachten ein fast vollständiges Dorf zutage. Anhand der vielen Fundstücke ließen sich die Lebensweisen der Steinzeitmenschen gut rekonstruieren. So fertigten sie Möbel aus Stein – vermutlich, weil die fast baumlose Insel kein Holz zur Verarbeitung bot. Eine andere Theorie geht davon aus, dass Stein verwendet wurde, weil es sich um eine Kultstätte handelte. Rund 30 Menschen sollen in dem Steinzeitdorf von Ackerbau und Viehzucht gelebt haben; Anzeichen für Handel mit Nachbargemeinschaften gibt es nicht. Seit 1999 zählen viele der neolithischen Stätten zum UNESCO-Weltkulturerbe.

Orkney-Inseln | **Schottland**

»Graffiti der Wikinger« werden die Runen an den Wänden des Kammergrabs Maes Howe auch genannt (rechts). Der Grabhügel ist im Durchmesser 35 Meter breit und liegt gut geschützt unter einem dichten Grasmantel (unten links). Nur in der Hauptkammer (großes Bild) kann man aufrecht stehen.

IM TOTENREICH DER STEINZEITMENSCHEN

Die ersten Fremden auf den Orkney-Inseln waren die Wikinger, und sie hinterließen viele noch heute sichtbare Spuren: zum Beispiel die Runen auf den Steinen des Kammergrabs Maes Howe, das besterhaltene Zeugnis seiner Art in Westeuropa. Es wird auf 2700 Jahre v. Chr. datiert und befindet sich rund zehn Kilometer westlich von Kirkwall auf Mainland. Der künstliche, sieben Meter hohe Hügel, Totenreich der Steinzeitmenschen, liegt mitten auf einer Viehweide und ist durch einen elf Meter langen Tunnel zu begehen. Er führt in eine Haupt- und in drei Nebenkammern, die im 12. Jahrhundert von Wikingern eingenommen – wohl auch geplündert – wurden, wie die Runeninschriften an den Wänden nahelegen. Die Hauptkammer ist eine Konstruktion aus Strebepfeilern und Kragsteingewölbe. Die technische Meisterschaft ihrer Erbauer zeigt sich beispielsweise an der Schichtung der Steine ohne Mörtel, mit nur feinsten Ritzen. Eine Besonderheit der Kultstätte kann man erst in den Abendstunden entdecken: Der Zugang der Anlage ist genauestens auf den Untergangspunkt der Sonne am Tag der Wintersonnenwende ausgerichtet, sodass die Sonnenstrahlen um diese Zeit bis in die Kammer reichen. Im Eingangsbereich gab es ursprünglich eine Türkonstruktion, die es erlaubte, die Kammer mit einem großen Stein zu blockieren.

Orkney-Inseln | **Schottland** 15

Beschauliches Inselleben – Freiraum für Individualisten: der Orkney-Farmer Terry Thomson mit seinem alten Trabbi – ideal für gemütliche Inseltouren. Großes Bild: in der Rackwick Bay. Rechte Seite unten: an der Nordküste der »Hohen Insel« (links mit der Felsnadel »Old Man of Hoy«).

Hoy

Sie ist die südlichste und zugleich die gebirgigste Insel der Orkney-Gruppe: Die Wikinger gaben dem grünen Eiland den Namen »Haey« – »hohe Insel«; daraus wurde schließlich der Name Hoy. Mit 479 Metern ist der Ward Hill die höchste Erhebung aller Orkney-Inseln. Hoy teilt sich in zwei recht unterschiedliche Regionen: Es gibt den sanft gewellten Südteil, der landwirtschaftlich genutzt wird, und den hügeligen Norden mit seinen beeindruckenden Kliffs. Hier ist auch das Wahrzeichen der Insel zu finden: St. John´s Head, mit 346 Metern eine der höchsten Klippen Großbritanniens. Beliebt bei Insel-Touristen, zumeist Natur-Pur-Fans und Vogelkundler, ist ein etwa dreistündiger, durchaus anspruchsvoller Spaziergang vom kleinen Örtchen Rackwick aus bis hin zu der gewaltigen Klippe. Von dort schaut man auf den »Old Man of Hoy«, eine 137 Meter aus dem Meer ragende Felsnadel aus Sandstein.

Orkney-Inseln | **Schottland**   17

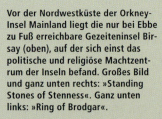

Vor der Nordwestküste der Orkney-Insel Mainland liegt die nur bei Ebbe zu Fuß erreichbare Gezeiteninsel Birsay (oben), auf der sich einst das politische und religiöse Machtzentrum der Inseln befand. Großes Bild und ganz unten rechts: »Standing Stones of Stenness«. Ganz unten links: »Ring of Brodgar«.

ZEITREISE IN MAGISCHE WELTEN

Etwa 5000 Jahre alt sind die vier hoch aufragenden Monolithen nahe dem Dörfchen Stenness auf der Orkney-Insel Mainland. In der Jungsteinzeit bildeten sie einen Kreis aus zwölf Steinen, der einen Durchmesser von 30 Metern hatte. Die noch erhaltenen Exemplare sind unregelmäßig verteilt, der größte Stein ist über fünf Meter hoch.

Nahe der »Standing Stones of Stenness« befindet sich ein noch viel größerer Steinkreis, der »Ring of Brodgar«. Er ist das berühmteste neolithische Monument der Orkney-Inseln. Ursprünglich bestand dieser Steinkreis aus 60 Monolithen. Er hatte einen Durchmesser von knapp 104 Metern, die einzelnen Steine waren zwischen zwei und 4,5 Meter hoch. 36 Steine stehen heute noch an ihrem Platz. Auf einem davon ist eine Runeninschrift aus der Wikingerzeit zu lesen, für den nordischen Namen »Björn«. Ob diese prähistorischen Steinkreise einst als Versammlungsorte, Opferstätten oder Gebetsplätze dienten, vielleicht aber auch als Mondobservatorien, mit deren Hilfe die Megalithiker einen genauen Kalender aufstellen konnten, ist bis heute nicht geklärt. Im Abendlicht wirken die dunklen Monolithen vor der Kulisse aus Wolken und Meer jedenfalls besonders geheimnisvoll, und der Zauber dieser archäologischen Sehenswürdigkeiten zieht wohl jeden Besucher in seinen Bann.

Orkney-Inseln | **Schottland** 19

In der ehemaligen Inselhauptstadt Scalloway befindet sich die Shetland Woollen Company, mit Werkstatt und Ausstellungsraum. Hier kann man zusehen, wie die komplizierten Muster der Shetland-Pullis entstehen.
Großes Bild: die Klippen rund um das Esha Ness Lighthouse im Norden.

Mainland (Shetland-Inseln)

Hoch oben im Norden liegen die etwas mehr als 100 Shetland-Inseln, von denen nur 13 bewohnt sind. Die Felsküsten dieser schmalen, rund 100 Kilometer langen Inselgruppe sind noch spektakulärer als die der Orkney-Inseln – wie hier auf Mainland (die größte Shetland-Insel trägt den gleichen Namen wie die größte Orkney-Insel). Administratives Zentrum und größte Stadt der Inselgruppe ist Lerwick auf Mainland, mit Flughafen, Fährverbindungen und rund 8000 Einwohnern. Der langgestreckte Insel-Süden besteht hauptsächlich aus Moor und Ackerland, die meisten archäologischen Stätten befinden sich hier. Im Zentrum gibt es einige Waldgebiete; der Westen und Norden präsentieren sich wild, mit Mooren und zerrissenen Küstenkliffs. Neben Fischfang und Schafzucht ist die Ölförderung die dritte Erwerbsquelle der Shetland-Inseln: Europas größter Ölhafen liegt hier.

Die besonders kleinwüchsigen und kurzwolligen Shetland-Schafe sind für viele Inselfarmer (oben: auf der Shetland-Insel Mainland), eine wichtige Lebensgrundlage. Shetland-Ponies gehören im Verhältnis zu ihrer Körpergröße zu den kräftigsten Pferden überhaupt (großes Bild: bei Lerwick auf der Shetland-Insel Mainland).

SHETLAND-SCHAFE UND SHETLAND-PONIES

Die Shetland-Schafe sollen auf schon von den Wikingern eingeführte Tiere zurückgehen. Ihre robuste Wolle wird zu rustikalem Tweedgarn verarbeitet. Als feine, einfädig versponnene »Cobweb«-Qualität verwendet man sie auch zur Herstellung der typischen Strickspitzen (»Shetland Lace«). Urahnen der Shetland-Ponies sollen die Tundra-Pferde sein. In Skandinavien waren sie vor über 10 000 Jahren weit verbreitet und gelangten von dort auf die Shetland-Inseln, wo ihre Zahl mittlerweile rückläufig ist: Nur noch 2000 Tiere leben hier. Knochenfunde gibt es aus dem 2. Jahrhundert n. Chr. Trotz ihres Miniformats von nur 70 bis 100 Zentimeter zählen die Ponies zu den kräftigsten Pferden und wurden lange Zeit in der Landwirtschaft sowie als Gruben-Ponies im Bergbau eingesetzt. Heute sind die überaus widerstandsfähigen und langlebigen kleinen Shetties beliebte Reit-Ponies für Kinder und sogar Zugpferde für Kutschen. Halbwild leben die Pferdchen nur noch im Norden der Shetland-Insel Mainland sowie auf Unst und Yell, zwei weiteren Shetland-Inseln. Wer sie in ihrer natürlichen Umgebung erleben will, sollte an einem »Ferist« – eine Art Straßensperre aus Eisengitter in der Fahrbahn – warten, wenn dort auch ein Verkehrsschild mit der Aufschrift »Vorsicht Ponies« steht: Die kleinen Wilden sind neugierig und überwinden vielleicht ihre Scheu …

Shetland-Inseln | Schottland

Das Vogelparadies Unst hat nur rund 1000 Einwohner, in den umgebenden Gewässern leben Seehunde, Tümmler und Otter. Oben: An der Nordspitze tobt der Atlantik gegen die Gneisklippen beim »Herma Ness Bird Reserve«, wo auch viele Papageientaucher (großes Bild) zu Hause sind.

Unst

Rund einen Breitengrad weiter nördlich als die Orkney-Inseln liegen die Shetland-Inseln mit Unst an der Nordspitze: eine landschaftlich abwechslungsreiche Insel mit Klippen, geschützten Buchten und Sandstränden, Heidekrauthügeln, grauen Steinwüsten. Das »Herma Ness Bird Reserve« beheimatet Hunderttausende Seevögel, wie Papageientaucher, Schwarzbrauen-Albatrosse und Skuas – von dieser seltenen Seevogelart lebt auf den Klippen von Unst die zweitgrößte Kolonie weltweit. Auch Botaniker gehen hier gern auf Entdeckungstour; das Eiland bietet Lebensraum für rund 400 verschiedene Pflanzen. Weitere Highlights sind das Muness Castle aus dem 16. Jahrhundert und der alte Bootshafen mit traditionellen Fischerbooten sowie einer Ausstellung zur Seefahrt – mit etwas Glück trifft man hier einen alten Fischer als Museumswärter und darf seinem »Seemannsgarn« lauschen.

Shetland-Inseln | **Schottland** 25

Spannende Zeitreise in mehr als 4000 Jahre Siedlungsgeschichte an der Südküste der Shetland-Insel Mainland: Ein Besichtigungspfad (oben) führt zu den Sehenswürdigkeiten des Siedlungskonglomerats Jarlshof, zu denen auch ein Dorf aus Rundhäusern und unterirdisch angelegte Wohn- oder Lagerräume gehören (großes Bild).

26 **Schottland** | Shetland-Inseln

JARLSHOF – VON DER EISENZEIT BIS INS 17. JAHRHUNDERT

Die wichtigste archäologische Fundstätte der Shetland-Inseln ist der Jarlshof an der südlichen Spitze der Insel Mainland. Dieses vorgeschichtliche Siedlungskonglomerat vereint Rundhäuser der Bronze- und Eisenzeit bis hin zu den Langhäusern der Wikinger. Der älteste Siedlungsteil mit einigen kleinen, ovalen Häusern liegt am Ostrand des weiträumigen Komplexes. Hier gefundene Steinwerkzeuge lassen darauf schließen, dass die damaligen Siedler Seehunde und Wale fingen und verarbeiteten. Außerdem befinden sich auf dem Gelände auch eine bronzezeitliche Schmiede, ein eisenzeitlicher Broch – eine Art Wehrturm oder Festung, die aus Bruchsteinen ohne Mörtel errichtet wurde –, ein aus derselben Zeit stammendes Dorf aus Rundhäusern und zwei so genannte »earth houses« oder »souterrains« – unterirdisch angelegte Wohn- oder Lagerräume. Die jüngsten Bauwerke sind eine mittelalterliche Farm und ein Landsitz der Grafen Robert und Patrick Stewart – damit umspannt der Jarlshof mehr als 4000 Jahre Siedlungsgeschichte zwischen 2500 v. Chr. und etwa 1600 n. Chr. Seinen Namen hat der Jarlshof von Sir Walter Scott, Schottlands bedeutendem Romancier, der bei seinem Inselbesuch im Jahr 1816 den Landsitz der Stewarts so nannte und ihn später in seinem berühmten Roman »Der Pirat« literarisch verewigte.

Oben: Torfstecher auf Lewis und North Uist (ganz rechts). Unten von links: bei Horgabost (Harris), Butt of Lewis (Lewis), Crofter-Haus (Harris), bei Garynahine (Lewis). Ganz unten: in der Kirche St. Clement (Harris.) Großes Bild: Hafen von Stornoway (Lewis). Rechte Seite: Naturwunder Hebriden (Harris und Lewis).

28　Schottland | Hebriden

Hebriden

Mehr als 500 Inseln gehören zu den Hebriden, die Schottlands Nordwesten gegen den Atlantik abschirmen. Ihre Küsten sind zerrissen vom ständig anbrandenden Meer, in den Buchten finden sich oft breite Sandstrände. Nur knapp 80 Inseln werden bewohnt. Näher am Festland liegen die Inneren Hebriden mit Skye, Mull, Iona, Islay, Jura, Rum, Eigg, Coll, Tiree und Colonsay als wichtigste und größte Inseln. Die Äußeren Hebriden oder »Western Isles«, ein 210 Kilometer langer Inselbogen weiter draußen im Atlantik, bestehen aus den Hauptinseln Lewis und Harris, North Uist, Benbecula, South Uist und Barra. Lewis und Harris (auch »Long Island« genannt), sind durch eine schmale Landzunge miteinander verbunden. Verwaltungssitz der »Western Isles« ist Stornoway, die einzige Stadt auf der Insel Lewis; die Inneren Hebriden sind Teil der Verwaltungsregionen Highlands sowie Argyll und Bute.

Ein rätselhafter Zauber geht von dem Wahrzeichen der »Western Isles« aus: Um den legendären Steinkreis von Callanish ranken sich viele Vermutungen wie die, dass einige der Steine – von weißen oder schwarzen Quarzadern durchzogen – Energie an den Betrachter abgeben. Besucher probieren das gern an sich selbst aus ...

Schottland | Äußere Hebriden

STANDING STONES OF CALLANISH

Der wohl schönste Steinkreis Schottlands: Die Felsmonolithen von Callanish auf der Insel Lewis, westlich von Stornoway, sind eine prähistorische Stätte von Weltrang. Exakt 47 Menhire kann man noch heute besichtigen, zwischen 3000 und 1500 v. Chr. wurden sie in verschiedenen Etappen von Menschenhand aufgestellt. Die Monolithen bestehen aus Lewis-Gneis, eine für die Insel typische Gesteinsart. Die kreis- und strahlenförmig angeordneten Steine bilden ein von vier Steinreihen unterbrochenes »Sonnenkreuz«. Besonders beeindruckend ist die Nordallee der Anlage, die aus zwei fast parallel verlaufenden Steinreihen besteht und bei einem durchschnittlichen Abstand von 8,20 Meter eine Länge von 82 Metern aufweist. Im Zentrum befindet sich ein Kreis aus 13 Menhiren, mit einem großen Zentralstein in der Mitte: Er ragt 4,75 Meter in die Höhe, wiegt etwa fünf Tonnen und bildet die westliche Begrenzung einer kleinen Kammer mit einem neolithischen Gemeinschaftsgrab. Umgeben ist er von 13 weiteren Monolithen, die einen Ring mit einem Durchmesser von elf bis 13 Metern bilden. Die Megalith-Kultstätte von Callanish ist durchaus vergleichbar mit Stonehenge in Südengland und gilt als das Wahrzeichen der Western Isles. Vermutlich kann man den gesamten Komplex als großes astronomisches Observatorium ansehen.

Äußere Hebriden | Schottland

Oben: Reste von Flora MacDonalds Geburtshaus auf South Uist (links; die Insel-Tochter verhalf 1746 dem Thronanwärter »Bonnie Prinz Charlie« zur Flucht), Blick vom Eaval auf North Uist (rechts). Unten: auf der Insel Barra (rechts die Hauptstadt Castlebay). Großes Bild: auf Berneray.

Berneray, North Uist, South Uist und Barra

Menschenleere Strände, einsame Buchten, schroffes Gestein: Die Äußeren Hebriden sind selbst für die Schotten eine faszinierend »andere Welt« – geruhsam und friedvoll an stillen Tagen, gewaltig und elementar bei Sturm. Berneray liegt zwischen Harris und North Uist im Sound of Harris. North und South Uist sind über die Insel Benbecula durch Brücken miteinander verbunden. Der Hauptort von North Uist heißt Lochmaddy, die Westküste bietet dramatische Klippen, herrliche Sandstrände, Dünen und die hebridentypischen Blumenwiesen, »machair« genannt. South Uist, die zweitgrößte Insel der Äußeren Hebriden mit dem Hauptort Lochboisdale, kann im Sommer von Oban aus per Fähre angesteuert werden. Zu Barra, Hauptinsel der südlichsten Inselgruppe der Äußeren Hebriden, gehören die ebenfalls bewohnte Insel Vatersay sowie einige kleinere unbewohnte Inseln.

Traditionelle, hölzerne Webstühle aus dem beginnenden 20. Jahrhundert sind noch heute im Werkstatteinsatz: Darauf spinnen die Insulaner die Wolle der Inselschafe zu schönstem Tweed-Tuch in klassisch gedeckten Farben, beispielsweise auf den Inseln Lewis und Harris, Uist, Barra.

34   **Schottland** | Äußere Hebriden

TWEED: FESTES TUCH MIT ECHTHEITS-ANSPRUCH

»Hand woven Harris Tweed« steht auf dem Gütesiegel des bekanntesten Exportartikels der »Western Isles«: Bereits im Jahr 1909 wurde der Harris Tweed Association das heute noch verwendete Markenzeichen zuerkannt. Der feste Tuchstoff mit dem Echtheits-Anspruch muss aus schottischer Wolle gemacht sein, auf den Äußeren Hebriden gesponnen und gefärbt und von den Inselbewohnern in Heimarbeit handgewoben werden. Praktiziert wird dieses aufwendige Handwerk heute noch auf den Inseln Lewis und Harris, Uist und Barra. Über Jahrhunderte hatten die Insulaner den widerstandsfähigen Stoff aus reiner Wolle nur für den Eigenbedarf gewoben, als eine Art »zweite Haut« gegen das windige, feuchtkühle Klima ihrer Region. Mit der Entdeckung des »Clo Mhor«, so der heimische Name für Harris Tweed, durch Lady Dunmoore Mitte des 19. Jahrhunderts, begann die Tweedindustrie auf dem schottischen Festland sowie bald auch in England, und dann gab es überall fabrikgefertigten, nicht immer gleichwertig guten Harris Tweed zu kaufen. Im Jahr 1993 erhielt die Harris Tweed Authority in Stornoway (Lewis) die Rechte der Harris Tweed Association – dort wacht man seitdem auf die Einhaltung und exklusive Verwendung des Markenzeichens, das die Herkunft des gewalkten Wohlfühlstoffs von den Äußeren Hebriden besiegelt.

Äußere Hebriden | Schottland 35

Oben: Elgol, eine kleine Siedlung im Süden von Skye. Großes Bild: Portree (gäl. Porth Righ = Hafen des Königs), das Verwaltungszentrum der Insel. So benannt wurde es 1540 nach der Landung von James V. – zuvor hieß es Kiltaragleann (Kirche am Fuß des Tales). Rund 2000 Menschen leben in Portree.

Isle of Skye

Seit von Kyle of Lochalsh auf dem schottischen Festland eine Brücke direkt nach Skye führt, ist die größte Insel der Inneren Hebriden noch beliebter als zuvor: Mit beinahe 1735 Quadratkilometern doppelt so groß wie Rügen, bietet Skye im Süden hervorragende Wandermöglichkeiten. Rund 8000 Menschen leben hier, hauptsächlich vom Tourismus. Von den Wikingern wurde die Insel »Sküyo« genannt, die »Wolkeninsel«. Wegen ihrer unregelmäßig gezackten Küstenlinie nennt man sie auf Gälisch »Eilean Sgiathanach«, die »geflügelte Insel«, oder wetterbedingt »Eilean a Cheo« – »Nebelinsel«. Knapp 60 Prozent der Inselbewohner sprechen diese keltische Sprache noch, es gibt hier sogar ein Zentrum für Gälischkurse. Im Royal Hotel von Portree nahm der flüchtende »Bonnie Prince Charlie« im Jahr 1746 von der bis heute als Heldin verehrten Flora MacDonald Abschied.

Innere Hebriden | **Schottland**

Skye ohne Wolken (oben), im Nebel (großes Bild: Quiraing-Massiv). Linke Seite: Auffälligste Gebäude der seit dem Jahr 1930 unbewohnten Inselgruppe St. Kilda sind die so genannten »Cleits« – Steinhütten mit ungemörtelten Wänden, die vermutlich als Lagerraum genutzt wurden.

38 **Schottland** | Innere Hebriden, St. Kilda

Isle of Skye und St. Kilda

Für Outdoor-Fans ist die Insel Skye ein wahres Kletterparadies. Als besonders spektakulär gilt eine Felswanderung im Quiraing-Massiv: Basalte mit Nadeln, Treppen und Zinnen zeichnen dieses ganz im Norden der Insel gelegene Naturmonument aus. Vulkanischen Ursprungs ist die circa 66 Kilometer westlich von Benbecula (Äußere Hebriden, zwischen North und South Uist) gelegene, schon vor 2000 Jahren besiedelte und seit 1930 unbewohnte Inselgruppe St. Kilda. Deren vier sturmumtoste Inseln Dun, Soay, Boreray und Hirta blieben während der letzten Eiszeit von Vergletscherung verschont und bewahrten sich so ihre seit 1986 als UNESCO-Weltnaturerbe geschützte eigentümliche Landschaft. Unter anderem bieten hier beeindruckende Steilfelsen optimale Nistplätze für seltene Vogelarten – darunter die weltweit größten Kolonien von Eissturmvögeln, Basstölpeln und Papageientauchern.

Auf der Insel Staffa leben viele Seevögel, darunter einige Hundert Papageientaucher (oben links). Die auffälligen Basaltsäulen (großes Bild und oben) entstanden als natürliches Abkühlungsphänomen beim Erkalten der Lava. Rechte Seite unten: Unterwegs zur Fingal's Cave.

Isle of Staffa

Geologische Wunderwelt aus schwarzem Basalt: Nur bei gutem Wetter mit dem Boot von den Inseln Mull oder Iona aus zu erreichen ist die Insel Staffa. Der Legende nach verkörpert das nur 200 mal 600 Meter kleine Eiland das »schottische Ende« des nordirischen Giant's Causeway (»Riesendamm«), der ursprünglich die beiden Orte verband, an denen zwei verfeindete Riesen wohnten, dann aber zerstört wurde. Besonders eindrucksvoll ist ein Besuch der nach einem keltischen Sagenheld benannten Fingal's Cave: eine 69 Meter lange Höhle, die in ihrem Inneren an eine Kathedrale erinnert. Ihr keltischer Name, »An Uaimh Binn« – die musikalische Höhle –, verweist auf das tönende Echo der sich an den dunklen Felswänden brechenden Wellen. Dichter, Maler und Komponisten ließen sich hier vom dramatischen Spiel der Elemente inspirieren, das bis heute unvergleichlich ist.

Innere Hebriden | **Schottland**

Etwa 2400 Menschen leben auf der Insel Mull mit ihrem strahlend weißen Leuchtturm (großes Bild), rund 800 davon in Tobermory (oben und unten links). Oben Mitte: Lebensmittelladen in Bunessan an der Südspitze der Insel. Oben rechts: Nach Iona Island gibt es eine Fährverbindung von Mull.

Isle of Mull

Die Insel Mull lockt mit einer zerklüfteten, hügeligen Landschaft und verkarsteten Bergzügen. Mulls höchster Gipfel ist der Ben More mit 966 Metern Höhe. Vom schottischen Festland gibt es drei Auto- und Passagierfährrouten, am beliebtesten ist die Fährverbindung von Oban. Mulls Küste ist mehr als 480 Kilometer lang. Vogelbeobachter können auf Mull mit etwas Glück Steinadler, Seeadler oder Merlin-Wanderfalken entdecken. Insel-Spaziergänge führen zu herrlichen Motiven wie dem strahlend weißen Leuchtturm. Bei Dervaig kann man in einem ehemaligen Kuhstall Großbritanniens »greatest little theatre« mit etwas mehr als 40 Plätzen besuchen. Außerdem gibt es eine kleine wiederbelebte Destillerie sowie das Torosay Castle – eine Museumsbahn bringt Besucher vom Old Pier in Craignure zu dem frühviktorianischen Schloss.

Innere Hebriden | **Schottland** 43

Mehr als 60 schottische Könige fanden auf der Insel Iona – einst ein Zentrum keltischer Druiden – ihre letzte Ruhestätte. Oben: Sarkophag in der Abtei. Unten: Grabplatte im Kreuzgang. Großes Bild: in der Klosterkirche. Rechte Seite: »St. Martin's Cross« vor der Kathedrale, Iona Abbey.

44 Schottland | Innere Hebriden

Isle of Iona

Die vor dem Südzipfel von Mull gelegene Druideninsel gilt als Urzelle des Christentums in Schottland. Im Jahr 563 landete hier der keltische Mönch und Missionar St. Columba und gründete das erste Kloster. Mehrfach von Wikingern zerstört, wurde das St.-Columba-Kloster immer wieder aufgebaut. Columba starb 597, nach seinem Tod entwickelte sich die Insel zu einem Wallfahrtsort. Um das Jahr 1200 gründete Reginald MacDonald an der Stelle der früheren Abteikirche ein Benediktinerkloster, Iona Abbey. Chor und Teile der Kapelle aus dem 13. Jahrhundert im normannischen Stil sind noch erhalten. Mittlerweile wurde die Anlage vom Iona Cathedral Trust und der Iona Community restauriert. Gegenüber dem Westportal der Kathedrale steht das bis heute noch fast vollständig erhaltene, 4,30 Meter hohe »St. Martin's Cross« aus dem 10. Jahrhundert.

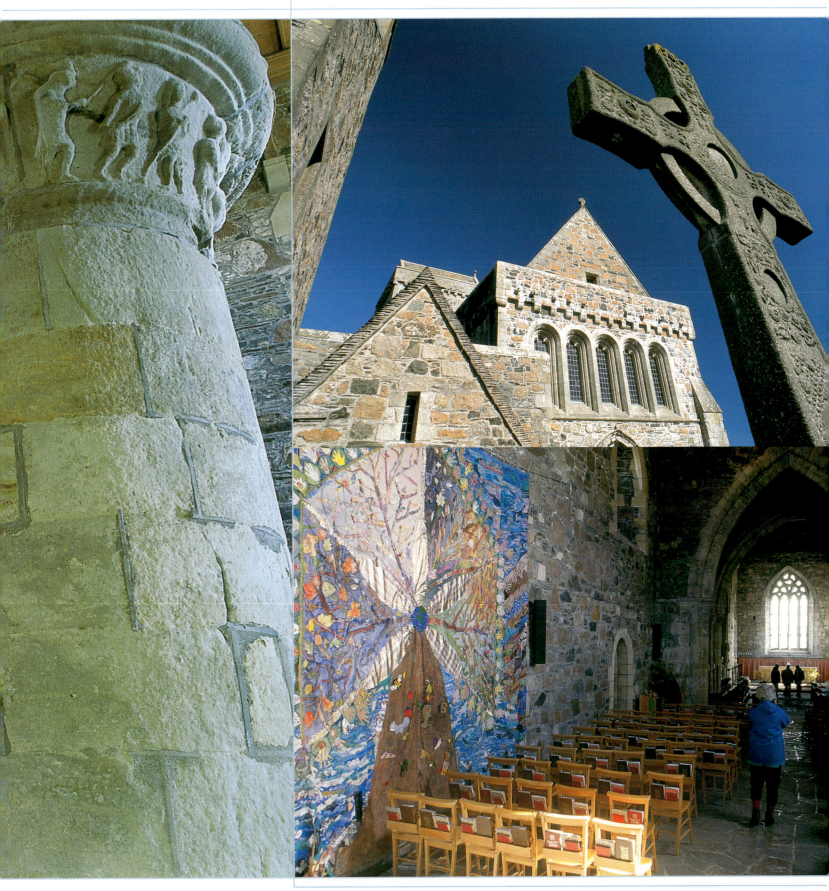

Innere Hebriden | **Schottland** 45

Ein gepflegtes Cottage im Hochland: Schottische Lebensart lernt man am besten kennen, wenn man hier für ein paar Tage Quartier nimmt – viele Highlander vermieten Zimmer und Ferienhäuschen.

Küstenlandschaft bei Dornoch: Der Ferienort ist ein idealer Ausgangspunkt für Strandläufer und Golfer, die hier legendäre Plätze vorfinden, beispielsweise den Royal Dornoch Golf Court aus dem Jahr 1616.

46 **Schottland** | In den Highlands

IN DEN HIGHLANDS

Wohl kaum ein Landstrich ist für Schottland so charakteristisch wie das dünn besiedelte Hochland: Weit weniger dem englischen Einfluss ausgesetzt, wurde die naturgewaltige Region über Jahrhunderte von den schottischen Clans bestimmt. Ihre Kultur blieb bis heute erhalten. Die grandiose Landschaft aus Bergen, Tälern und Seen sowie entlang der Küste ist ein Paradies für Wanderer, die die Tier- und Pflanzenwelt hier nahezu ungestört entdecken können. Denn nur rund vier Prozent der Schotten leben in den Highlands.

In den Highlands | **Schottland** 47

Rechts: Südlich der Landspitze am Duncansby Head, bei Caithness, ragen kegelförmige Felsspitzen aus dem Meer, die Duncansby Stacks – steinerne Schönheiten, von der Natur geformt. Unten links: Cape Wrath mit den 281 Meter hohen Clo Mor Cliffs. Großes Bild: in der Sandwood Bay.

Clo Mor Cliffs, Duncansby Stacks und Sandwood Bay

Im Jahr 1827 errichtete Robert Stevenson, Vater des »Schatzinsel«-Autors Robert Louis Stevenson, am Cape Wrath, dem »Kap des Zorns«, einen Leuchtturm. Die steil neben dem Turm ins Meer abfallenden Clo Mor Cliffs sind mit 281 Metern die höchsten Klippen der britischen Inseln. Von der Nordwestspitze des schottischen Festlands blickt man bei klarer Sicht bis zu den Hebriden-Inseln Harris und Lewis im Westen und den Orkney-Inseln im Osten. Von Wind, Wetter und Wellen geformt sind auch die Duncansby Stacks an der Kliffküste bei Duncansby Head: bizarre Felsspitzen im Meer. Herrliche Sandstrände zeichnen diese Küstenregion aus: Ganz in der Nähe von Kinlochbervie, einem der wichtigsten Fischereihäfen Schottlands, liegt die schöne, entlegene Sandwood Bay, der nördlichste Sandstrand Schottlands. Surfer schwärmen vom Südsee-Flair dieser weiten Bucht.

In den Highlands | **Schottland**

Rechts: Grandioser Blick auf die Gipfel von Ben More Coigach, Stac Polly, Cul More und Suilven. Großes Bild oben: 850 Meter hoch ist der auch von Kletterern geschätzte Cul More. Darunter: Unterwegs nach Ullapool passiert man den malerischen Loch Lurgainn.

50 **Schottland** | In den Highlands

Inverpolly Nature Reserve

Einsame Lochs (Seen) und raues Gestein bilden die etwas abseits gelegene Bergregion von Inverpolly, circa 30 Kilometer nördlich der Stadt Ullapool. Anfang der 1960er-Jahre wurde die Region zum Naturschutzgebiet erklärt und ist unbedingt einen Abstecher wert. Hier führen viele erlebnisreiche Wanderwege durch die unterschiedlichen Landschaften aus Berg, Moor, Wald und See, beispielsweise der 1,6 Kilometer lange Nature Trail, der gleich neben dem Besucherzentrum beginnt. Dachse, Hirsche, Fischotter und mehr als 100 Vogelarten leben in diesem Naturschutzgebiet. Besonders artenreich ist auch die Gebirgsflora dieser wunderschönen Region. Anwohner bieten Bootstouren an und erklären die facettenreiche Landschaft. Geologen reizt vor allem das Knockan Cliff, weil sich dort die Abfolge der Gesteinsschichten durch tektonische Bewegungen umgekehrt hat.

In den Highlands | **Schottland**

Berühmt für seine Lachse und Forellen ist der Loch Assynt (oben links). Von dort geht es weiter in eine herrliche Hügellandschaft (großes Bild). In dem Hafen von Ullapool (oben rechts) landen jährlich circa 100 000 Tonnen Fisch an. Unten links: Loch Broom – wie von Kokoschka gemalt.

52 **Schottland** | In den Highlands

Rund um Ullapool

Der kleine, hübsche Küstenort in den dünn besiedelten westlichen Highlands ist mit seinen rund 1000 Einwohnern die größte Siedlung im Umkreis vieler Meilen. Im Jahr 1788 wurde er am Loch Broom von der British Fisheries Association als Hafen für den Heringfang angelegt, bis heute ist er ein bedeutender Fischerei- und Fährhafen, beispielsweise zur Hebriden-Insel Lewis. 1940 war Ullapool auch mehrfach Zufluchtsort für Oskar Kokoschka. Der österreichische Maler hat die schöne weite Bucht des Loch Broom auf einigen seiner Aquarelle eindrucksvoll festgehalten. Touristisch ist der Ort bestens gerüstet: Ein kleines Museum in einer säkularisierten Kirche erzählt die lokale Geschichte, es gibt mehrere Hotels, ein Schwimmbad, viele Pubs und zahlreiche Souvenirläden. Besonders beliebt sind Bootstouren zu Robbenkolonien und Lachsfarmen.

In den Highlands | **Schottland** 53

Stirling Castle: Wachsfiguren (rechts) veranschaulichen ebenso längst vergangene Zeiten wie die so genannten »Stirling Heads« (unten) – kunstvoll geschnitzte Eichenmedaillons, die einst die königlichen Gemächer zierten. Das Schloss selbst (großes Bild) thront auf einem erloschenen Vulkan.

Stirling

Als »Herz von Schottland« bezeichnen die 35000 Einwohner Stirlings gern ihre Stadt, die als das Tor zu den Highlands gilt. Wegen der zentralen Lage war Stirling immer wieder im Brennpunkt der Geschichte: Im Jahr 1297 schlugen die Schotten bei Stirling Bridge die Engländer, 1314 siegten sie unter Robert the Bruce im nahe gelegenen Bannockburn gegen Eduard II. Hauptattraktion der Universitätsstadt ist das 76 Meter hoch über der Ebene thronende Stirling Castle: Wem es vergönnt war, von hier aus »in diese Grafschaft hinabzublicken«, der nahm laut Theodor Fontane »das lieblichste Bild mit heim, das ihm die schottische Landschaft an irgendeiner Stelle gewähren kann«. Auch die Altstadt unter der Burg ist reizvoll für Besucher. Als Handelsstadt hat Stirling bereits seit dem 13. Jahrhundert einen Namen, bekannt ist sie zudem für die hier geprägten Silbermünzen, die »Stirlings«.

In den Highlands | **Schottland**

Die mittelalterliche Festung Eilean Donan Castle (ganz oben und großes Bild unten) liegt am Loch Duich im Glen Shiel (großes Bild oben). Erfolgreiche Kinofilme wie »Highlander«, »Braveheart« oder »James Bond – Der Morgen stirbt nie« wurden in dieser grandiosen Szenerie gedreht.

56   Schottland | In den Highlands

Eilean Donan Castle

Auf einer kleinen Insel am Zusammenfluss dreier Seen steht dieses sagenhafte Schloss – Eilean Donan Castle ist wohl das am meisten fotografierte Burgmotiv Schottlands. Es liegt im Glen Shiel, vor einer grandiosen Bergkulisse am Loch Duich, und ist über einen Damm sowie über eine steinerne Fußgängerbrücke mit dem Festland verbunden. Eine erste Befestigung wurde im Jahr 1220 von Alexander II. von Schottland erbaut und gelangte später in den Besitz der Mackenzie-Familie (die späteren Earls of Seaforth); diese ließen schließlich ihre Burgvögte hier walten, die MacRea's. Im Jahr 1719 wurde die Festung von drei englischen Fregatten zerstört, weil spanische Truppen sie als Garnison nutzten; zwischen 1912 und 1932 restaurierte der MacRea-Clan das Schloss aufwendig. Ein Museum im Schloss erzählt die bewegte Geschichte des herrschaftlichen Baus anschaulich.

In den Highlands | Schottland 57

Rothaarige »Monster« mit liebenswertem Blick: Die zotteligen Rinder sind wegen ihrer Gutmütigkeit und »natürlichen Schönheit« längst über Schottlands Grenzen hinaus beliebt. Gourmets hindert das freilich nicht daran, das feingemaserte Highland Beef als Steak kulinarisch besonders zu schätzen.

58   Schottland | In den Highlands

KYLOE: DAS SCHOTTISCHE HOCHLANDRIND

Genügsam, widerstandsfähig und freiheitsliebend: Kyloe, das Hochlandrind, wird in Schottland schon seit rund 200 Jahren in seiner ursprünglichen Form gezüchtet. Das Herdbuch – ein zentral geführtes Register mit allen wesentlichen Zuchtdaten zur Identifizierung der Tiere – existiert seit dem Jahr 1884, die Rasse zählt zu den ältesten der Welt: Erste Zeugnisse des Highland Cattles auf schottischem Boden stammen aus dem 6. Jahrhundert. Ob es wirklich ein schottisches Original ist oder von den Wikingern aus Skandinavien importiert wurde, darüber streiten die Experten. Jedenfalls hat es sich den harten Lebensbedingungen in Großbritanniens Norden bestens angepasst. Hohe Niederschläge und Stürme bei steinigen und wenig ergiebigen Weiden im Sommer sowie lange, harte Winter ohne besondere Zufütterung und Stall: Dank des dichten rotbraunen Zottelfells ertragen die Rinder Kälte bis zu 30 Grad minus und erlauben eine ganzjährige Freilandhaltung in den Highlands. In der schottischen Landwirtschaft ist die Rinder- und Schafweidewirtschaft (Fleisch- und Wollproduktion) einer der vier maßgeblichen Produktionsbereiche (neben Milchwirtschaft, der kleinbäuerlichen Crofter-Wirtschaft mit Gerste, Hafer, Weizen, Raps, Kartoffeln etc. und der intensiven Landwirtschaft mit Getreideanbau, Viehzucht sowie Garten- und Obstbau).

In den Highlands | **Schottland**   59

Loch Maree erstreckt sich weit ins Landesinnere (rechts). Unten: Schöne Exoten, hoch im schottischen Norden zu Haus – in den Gärten von Inverewe fühlen sich sogar neuseeländischer Oleander (zweites, drittes Bild links) und Rhododendren (viertes, fünftes) aus dem Himalaya sichtbar wohl.

60 **Schottland** | In den Highlands

Loch Maree und Inverewe Gardens

Der wildromantische Loch Maree, ein lang gezogenes, eiszeitlich überformtes tiefes Trogtal, zählt zu den Höhepunkten der Nordwestküste. In dem nährstoffreichen See leben Fischotter und Prachttaucher. Spektakulär ist auch der Blick über die breite Bucht des Loch Ewe. An ihrem südlichen Ausläufer befinden sich die Inverewe Gardens: eine botanische Überraschung, die nicht nur Pflanzenfreunde begeistert. Im Jahr 1862 kaufte der damals erst zwanzigjährige ehrgeizige Gärtner Osgood Mackenzie die Halbinsel als völlige Wildnis, entwässerte in mühsamer Arbeit den Torf und reicherte die Böden mit Lehm von der Küste an. So entstand ein Nährboden, der dank des milden Golfstromklimas eine üppige, subtropische Pflanzenwelt gedeihen ließ. 1952 wurde die rund 20 Hektar große, ganzjährig zu besichtigende Parkanlage dem National Trust for Scotland gestiftet.

Oben von links: Sandsteinterrassen und steile Geröllhänge säumen den Glen Torridon. Vom Loch Clair blickt man auf das Liathach-Massiv. Loch Shieldaig wird von Wäldern gesäumt. Große Bilder: Blick auf den 985 Meter hohen Beinn Alligin (oben), Loch Shieldaig vor der grandiosen Bergwelt von Torridon (unten).

Torridon und Beinn Eighe Nature Reserve

Einsame Hügelketten, bizarre Landschaftszenerien, dunkle Wälder, tiefgründige Lochs: Die Bergregion rund um Torridon gehört zu den Höhepunkten der schottischen Highlands. Sie verläuft nördlich um den von herrlichen Wäldern gesäumten Loch Shieldaig und wird größtenteils vom National Trust for Scotland betreut. Eine kleine Insel im Loch Shieldaig wird wegen ihres alten Pinienbestandes besonders geschützt. Am Nordufer des Upper Loch Torridon kann man die rund 750 Millionen Jahre alten roten Sandsteinberge Liathach und Beinn Alligin bewundern oder gar erklimmen, allerdings sind gute Kondition und professionelle Ausrüstung Voraussetzung. Das Beinn Eighe Nature Reserve wurde im Jahr 1951 als erstes nationales Naturschutzgebiet Großbritanniens ausgewiesen. Vier Nature Trails erschließen die herrliche Region mit ihrer artenreichen Tierwelt.

In den Highlands | **Schottland** 63

Ein Tartan war ursprünglich ein großer Wollumhang (Plaid) der Highlander, dessen Karomuster die Clanzugehörigkeit zeigte. Zum Schottenrock (Kilt) wurde der feine Stoff erst Anfang des 18. Jahrhunderts – rechts einige schöne Accessoires. Unten: Ein handgefertigter Kilt zeugt vom Traditionsbewusstsein vieler Schotten.

IM STREIT VEREINT: DIE SCHOTTISCHEN CLANS

Schottland ist von einem weit verzweigten Clansystem geprägt. Aus ursprünglich keltischer Stammeszugehörigkeit entwickelte sich eine agrarisch-feudale Clangesellschaft, die im Hochmittelalter mit dem normannischen Feudalsystem verschmolz. Ein Clan-Chief versammelte Adelige um sich, die er befehligte und schützte; sie zogen für ihn in den Krieg und erbrachten ihm Lehensdienste. Ihnen unterstellt waren die in Sippen organisierten Clansmen, die kleinbäuerliche Lehen bewirtschafteten. Zwar gehörte das Land nach gängigem Feudalrecht den Königen von Schottland, doch innerhalb der Clans wurden die zugehörigen Landstriche weitgehend autonom verwaltet. Die ständig schwelenden Clanstreitigkeiten schwächten die königliche Streitmacht nicht selten. Ein Ende der Clanstrukturen brachte offiziell das Jahr 1707, als Schottland mit England vereinigt wurde. Die Niederschlagung des Jakobiteraufstands 1746 bedeutete das endgültige Aus. Unter dem Begriff »Highland Clearances« versteht man die spätere Umverteilung der schottischen Bevölkerung und die Umwandlung der bewirtschafteten Flächen in Eigentum von Großgrundbesitzern. Im späten 18. und frühen 19. Jahrhundert wurden rund 60 Prozent der Highlander von ihren Höfen vertrieben. Kiltmacher wie Ian Chisholm in Inverness (großes Bild rechts) aber verdienen bis heute gut.

In den Highlands | **Schottland** 65

Untere Reihe: Nostalgiefahrt mit der Dampflok von Fort William über das Glenfinnan Viadukt nach Mallaig, vorbei am Loch Shiel mit dem Glenfinnan Monument (großes Bild). Oben: Von Ullapool (links/rechts) und Mallaig (Mitte) kommt man mit Fähren zu den Hebriden.

Traumrouten durch die Highlands zu den Inseln

Wunderbare Panoramastraßen machen das Autofahren in den Highlands zu Sightseeing-Touren: Eine recht kurvige Strecke führt westlich von Fort William etwa 72 Kilometer an Bergen und Seen entlang nach Mallaig. Etwa auf halber Strecke liegt der lang gestreckte Loch Shiel, an dessen nördlichem Ende das Glenfinnan Monument zu besichtigen ist: Dicht am Ufer steht auf einem Turm die Figur eines Highlanders, der die Stelle markiert, an der im August 1745 »Bonnie Prince Charlie« die schottischen Clans gegen die Engländer versammelte. Nach Mallaig kommt man von Fort William auch ganz nostalgisch mit der Dampflock – der von Juni bis September verkehrende Jacobite Steam Train diente übrigens in den Harry-Potter-Filmen als »Hogwarts Express«. Oder man fährt von Invergarry, nordöstlich von Fort William, durch eine dramatisch-schöne Landschaft bis nach Ullapool.

In den Highlands | **Schottland**

Die Welt als Wille und Vorstellung: Seit 1934 steht »Nessie« unter Naturschutz, und wem es gelingt, den prominenten Saurier einzufangen, der muss ihn umgehend dem Loch Ness zurückgeben. Großes Bild: Ganz real besichtigt werden kann auf einer Landzunge am Loch Ness die Ruine des Urquhart Castle.

DIE LEGENDE LEBT: DAS UNGEHEUER VON LOCH NESS

Der 36 Kilometer lange, dunkle Loch Ness – durchschnittlich 1,5 Kilometer breit, bis zu 230 Meter tief und nie wärmer als sieben Grad Celsius – könnte die ideale Heimat für ein Urwesen sein, das weltweit als »Nessie« bekannt ist. Schon im Jahr 556 soll es erstmals aufgetaucht und von dem irischen Missionar St. Columba mit den Worten »Go thou no further. Quick! Go back!« in die Fluten zurückgewiesen worden sein. Dazu schlug der fromme Mann ein Kreuz, was das Ungeheuer offenbar so beeindruckte, dass es rund 1000 Jahre lang unsichtbar blieb, ehe es im 16. Jahrhundert angeblich drei Männer verschlang und danach erst wieder im Jahr 1933 auffällig wurde, weil es sich beim Bau der A 82 am Nordufer des Sees wohl gestört fühlte. Seitdem werden immer wieder »Monster-Begegnungen« gemeldet, und so seltsam das klingt, so ernsthaft haben sich auch Wissenschaftler bemüht, Nessies Existenz nachzuweisen: Eine Theorie lautet, dass der See einst mit dem Meer verbunden war, durch die Gletscherschmelze abgeschnitten wurde und dabei einen Saurier einschloss. 1976 kam ein US-amerikanisches Forscherteam zu dem Ergebnis, dass »irgend etwas lebt im See« – ein etwa 15 Meter langes, kiemenatmendes Wirbeltier, von dem 30 bis 50 Exemplare in dem Gewässer existieren müssten, um die Art über die Jahrhunderte zu erhalten.

In den Highlands | **Schottland**

Am Südende von Loch Ness liegt der kleine Ort Fort Augustus: Er besteht fast nur aus den fünf Schleusen, die die Boote vom Niveau des großen Sees auf die Höhe des Caledonian Canal zwischen Fort William und Inverness bringen. Der Wasserweg verbindet die Nordsee mit dem Atlantik.

Caledonian Canal

Viele Schottland-Fans haben sich diesen Traum bereits erfüllt: einmal den Kaledonischen Kanal zu befahren. Dieser vielleicht schönste Wasserweg Europas verbindet von Fort William bis Inverness die Nordsee mit dem Atlantik. Eine abwechslungsreiche und wilde Landschaft begleitet den knapp 100 Kilometer langen, sechs Meter tiefen und bis zu 30 Meter breiten Schleusenweg, der im Jahr 1822 eröffnet wurde. Im Süden beginnt der Kanal mit dem Fjord Loch Linnhe, dann durchquert er die faszinierenden Beckenseen Loch Lochy, Loch Oich und Loch Ness, bis er schließlich in den Moray Firth mündet. Frachtkähne verkehren hier heute nur noch wenige, Hausboote dafür um so mehr: Nach einer gründlichen Einweisung mit Videofilm in die Skippertätigkeit darf es losgehen – Schwimmweste, Kartenmaterial und Proviant gibt der Vermieter mit auf die Panoramatour.

Mekka für Wanderer und Wintersportler: Mit 49 »Munros« – so nennt man in Schottland Berge über 3000 Fuß (914 Meter) sind die »blauen Hügel« (gälisch: Cairngorm) recht spektakulär (oben links/rechts). Um den Loch Morlich (großes Bild) erheben sie sich in voller Pracht.

72 **Schottland** | In den Highlands

Cairngorm Mountains

Immer wieder beschert das raue Hochland Momente beinahe ungestörter Einsamkeit, wie beispielsweise hier am Loch Morlich im Cairngorm National Park. Wassersportler lieben diese Region besonders. Das aus rotem Granit aufgefaltete Bergmassiv gehört zu den Grampian Mountains, die sich südöstlich des Great Glen erstrecken, und erreicht Höhen von bis zu 1300 Meter. In den Cairngorm Mountains überwiegen eher alpine Hochgebirgsformen. Zahlreiche Kare, oft mit Seen auf dem Karboden, bezeugen die eiszeitliche Vergletscherung. Doch auch weich geschwungene Berge und Hügel gibt es hier, Berglandheiden und Hochmoorebenen sorgen für eine abwechslungsreiche Landschaft. Im Winter sind die Cairngorm Mountains ein beliebtes Skigebiet: Lifte überwinden Höhenunterschiede von fast 700 Metern, knapp 40 Pistenkilometer stehen für den weißen Sport zur Verfügung.

Neben Tänzen im Kilt und Dudelsack-
musik versetzen vor allem die sportlichen Disziplinen wie Steinestoßen,
Gewichthochwerfen, Tauziehen das
Publikum in Staunen. Traditionell ist
am ersten September-Wochenende
beim »Braemar Royal Highland
Gathering« (großes Bild und oben
links) die Königin zu Gast.

74 Schottland | In den Highlands

FESTIVITÄT DER BESONDEREN ART: DIE HIGHLAND GAMES

Dass die Schotten überaus liebenswerte Zeitgenossen sind, mit einem unbestreitbaren Hang zum Skurrilen, zeigen etwa die jährlichen rund 100 Hochlandspiele, die von Mai bis September in fast ganz Schottland stattfinden. Wann diese ursprünglichen Dorffeste mit Sport, Tanz und Musik entstanden, lässt sich nicht mehr genau nachvollziehen. Dass diese Tradition bis in die Hochzeit der Clangemeinschaften zurückreicht, dafür sprechen die kriegerischen und religiösen Elemente, die auch heute noch erkennbar sind. Kraftmeiereien wie Steinewuchten, Hammerwerfen und Baumstammwerfen sind ein willkommenes Spektakel. Nachdem diese dörflichen Feste im 19. Jahrhundert eine Renaissance erlebten, entwickelten sie sich schnell zu einer Art Hochland-Olympiade mit starker Anziehungskraft nicht nur für Touristen. Nicht immer erkennt man gleich, worauf es bei den einzelnen Wettbewerben ankommt – etwa beim Baumstammwerfen (»Tossing the Caber«) nicht auf die Weite, sondern auf einen möglichst geraden Flug. Im Jahr 1832 wurden in Braemar die ersten offiziellen Highland Games veranstaltet. Als Königin Viktoria 1848 erstmals das »Braemar Highland Gathering« besuchte und sich für die Wiederbelebung des Brauchs einsetzte, wurden die Highland Games zu einem festen Bestandteil des schottischen Festkalenders – und blieben es bis heute.

In den Highlands | Schottland

In verträumten Fischerorten wie hier Pennan an der Nordostküste geht wohl alles einen etwas geruhsameren Gang. Cineasten kennen den Ort durch den Film »Local Hero« mit Burt Lancaster.

Sonnenaufgang über dem Loch Rannoch. Hinter dem westlichen Ufer verläuft das von Tümpeln durchsetzte Rannoch Moor bis zum Glen Coe, dem größten zusammenhängenden Moor Großbritanniens.

IM NORDOSTEN

Burgen, Schlösser und Whisky-Destillerien: Geschichtsbewusstsein und honorige Lebensart finden im eher sanften Nordosten Schottlands ihren ganz eigenen Ausdruck, was man als Besucher auf aussichtsreichen Castle- und Whisky-Trails gut erkennen kann. Landschaftlich verzaubern nun eher ruhige, stimmungsvolle Panoramen mit torfigen Mooren und fruchtbaren Wiesen, Birken- und Kiefernwäldern, kleinen Fischerdörfern, aber auch größeren Ansiedlungen und Farmen, je weiter es nach Osten geht.

Den schönsten Blick auf Dunrobin Castle mit seinen Zinnen und Erkern (oben) hat man von der Gartenseite (großes Bild). Linke Seite von oben: Jagdtrophäensammlung, »Robe Room« und Esszimmer, »The Green and Gold Room« (Schlafzimmer), »Seamstress Room« mit den Familieninsignien.

Dunrobin Castle

Die Earls und Dukes of Sutherland zählten zu den mächtigsten Grundbesitzern in ganz Europa, als sie Mitte des 19. Jahrhunderts in dem kleinen Ort Golspie »Schottlands Neuschwanstein« errichten ließen. Das Bilderbuchschloss Dunrobin Castle thront auf einer natürlichen Terrasse hoch über dem Meer. Der von weiten Parkanlagen umgebene Stammsitz der Sutherlands besitzt 189 Zimmer. Die ältesten Gebäudeteile stammen aus dem Ende des 13. Jahrhunderts. Besonders imposant ist der Blick von der Gartenseite; Türme, Zinnen und Erker sind typisch für die viktorianische Zeit. Die glanzvolle Fassade lässt viele Schotten dennoch nicht vergessen, dass Dunrobin Castle auch für einen dunklen Teil ihrer Geschichte steht: Die Sutherland-Dynastie galt nämlich als eine der grausamsten bei den Landvertreibungen aus dem Hochland.

Im Nordosten | **Schottland**

Geschichte und Gegenwart: Vor dem Inverness Castle (großes Bild) erinnert eine Statue (oben links) an die erfolgreiche Fluchthelferin Flora MacDonald. Die High Street (oben rechts) ist eine beliebte Shoppingmeile. Unten links: Um Loch Rannoch gab es einst 30 Clandörfer.

Inverness

Die Wurzeln der Stadt Inverness, heute ein modernes Verwaltungszentrum, reichen weit in die Geschichte zurück, in die Zeit der Pikten, der »Bemalten« (lateinisch Picti – so der römische Name für die vorkeltischen oder keltischen Stämme in Schottland nördlich des Antoninuswalls, zwischen Forth- und Clydemündung, die seit dem späten 3. Jahrhundert das römische Britannien bedrängten): Im 6. Jahrhundert soll St. Columba hier den König der Pikten, Brude, zum Christentum bekehrt haben. Überragt wird die Metropole vom Inverness Castle aus dem 19. Jahrhundert, heute ein feudales Bürogebäude für die Mitarbeiter der lokalen Verwaltung. Im 12. Jahrhundert soll Macbeth etwas östlich des Schlosses auf seiner Burg den rechtmäßigen König Duncan ermordet haben. 1746 fand unweit des Stadtzentrums auf dem Schlachtfeld Culledon Moor die letzte englisch-schottische Schlacht statt.

»Pipe-Maker« sind hoch spezialisierte Instrumentenbauer; das Erlernen des Handwerks dauert fünf Jahre. Oft wird die Kunst von Generation zu Generation weitergegeben. Oben: Pipe-Maker Alan Logan und ein Kollege in der Werkstatt. Rechte Seite: Logan mit fertigem Instrument, Pipe Band in der High Street, Inverness.

DUDELSACK: SYMBOL SCHOTTISCHER IDENTITÄT

Für viele ist der Dudelsack untrennbar mit dem »Urschottischen« verbunden. Dabei stammt das klassische Hirteninstrument ursprünglich aus Asien und Nordafrika; erst die Römer brachten es ins Land. Die Luftzufuhr erfolgt bei diesem Blasinstrument über einen Tierbalg (Windsack), der über ein Anblasrohr oder mittels eines kleinen Blasebalgs ständig mit Luft gefüllt wird. An den Windsack angeschlossen sind die Spielpfeife (manchmal auch zwei) mit den Grifflöchern und zwei bis drei ständig mitklingende Begleitpfeifen (»Bordun«, meist Grundton und Quinte). Mit dem Oberarm presst der Spieler die Luft aus dem Balg in die Pfeifen. Dass der Dudelsack zum Symbol schottischer Identität wurde, hat mit der Leidenschaft zu tun, die die Schotten für die »Bagpipe« entwickelten. Schon im 15. Jahrhundert soll es auf der Hebriden-Insel Skye eine Pfeiferakademie gegeben haben, von den Clan-Pipers der MacGrimmons ins Leben gerufen. Meisterbläser mussten Hunderte Melodien beherrschen: »Pitbrochs« für die Schlacht, »Laments« für die Gefallenen, »Reels« und »Strathspeys« für die Hochlandtänze. Kurzfristig von den Engländern sogar auf den Index gesetzt, kamen die Dudelsackweisen mit dem Einsatz erster Highland-Regimenter wieder zum Erklingen: weil sie sich bei der Unterstützung des Kampfgeistes als äußerst wirksam erwiesen.

Im Nordosten | Schottland 83

Fast schon alpinen Charakter haben die Berge im Naturparadies Glen Affric. Ruhig schlängeln sich die Arme des tiefblauen Loch Affric (oben links/rechts und großes Bild) durch das Tal, klar und fast unwirklich schön liegt der Loch Beinn a' Mheadhoin in der Landschaft (oben, Mitte).

Glen Affric

»Letzter Urwald Schottlands« – so titulieren Fans ihre Lieblingsschlucht unweit der Metropole Inverness gern. Wie variantenreich die Farbe Grün ist, das lässt sich in diesem Tal besonders schön erleben, wo noch einheimische Pinien wachsen und eine Wanderung durch Wald und Hügellandschaft bei schönem Herbstwetter zum stillen Höhepunkt einer Schottland-Tour geraten kann. Ausgangspunkt für Touren durch das Naturparadies ist der Ort Cannich, Knotenpunkt der vier Glens (Täler oder Schluchten) Strathglass, Cannich, Urquhart und Affric. Ein langer Pfad führt an Wasserfällen, Ruinen und Bergpanoramen entlang und gerät schließlich zu einer anspruchsvollen Wanderung, die gut geplant sein will. Treffpunkt vieler Romantik-Abenteurer ist die einsam gelegene Jugendherberge Glen Affric Youth Hostel, mit einer kleinen, hölzernen Hängebrücke über den River Affric.

Im Nordosten | **Schottland**

Der North East Coastal Trail (oben) führt von Fraserburgh über Portgordon in verträumte Fischerorte wie Pennan und Crovie (großes Bild). Unten: Ein mittelalterliches Kreuz und das Duff House von William Adam in Banff, Leuchtturm an der Hafeneinfahrt von Macduff.

Banff und Macduff

Malerische Fischerdörfer entlang der Nordseeküste wie Crovie bestehen oft nur aus ein paar Häuserzeilen und bieten eine zauberhafte Szenerie. Die beiden Hafenstädchen Banff und Macduff an der Mündung des River Deveron verbindet eine siebenbogige Brücke; Banff war schon im 12. Jahrhundert ein Handelszentrum der nördlichen Hanse. Sehenswert sind einige denkmalgeschützte georgianische Häuser des schottischen Landadels, der das idyllische Fleckchen im 17. und 18. Jahrhundert für sich entdeckte. Beispielhaft für die georgianische Architektur ist das unvollendete georgianische Duff House von William Adam, der die schottische Architektur wesentlich prägte und sich in diesem Fall an der römischen Villa Borghese orientierte. Im Macduff Marine Aquarium kann man mehr als 50 verschiedene Fischarten erleben, denen sonst nur Taucher so nahe kommen.

Im Nordosten | **Schottland** 87

Einst heftig umkämpft, dann vergessen: Oliver Cromwell belagerte Dunottar Castle 1651/52 acht Monate lang, um die schottischen Reichsinsignien an sich zu bringen. Nach der Kapitulation musste er feststellen, dass sie längst hinausgeschmuggelt worden waren.

88   Schottland | Im Nordosten

Dunottar Castle

Die Burgruine vor dem grandiosen Felsküstenpanorama nahe dem Hafenstädtchen Stonehaven ist so malerisch schön, dass man Dunottar Castle auch für das Fantasieprodukt eines hochbegabten Kulissengestalters halten könnte. Besucher können sich allerdings ganzjährig von der Echtheit der gewaltigen Festung in Aberdeenshire überzeugen; von November bis Ostern aber nur bis zum Einbruch der Dunkelheit. Rund 20 Minuten Gehweg führen hinauf zum Castle, das auf einem 50 Meter hohen, jäh abfallenden Hügel steht. Schon im 5. Jahrhundert soll hier der heilige Ninian eine christliche Siedlung begründet haben; Anfang des 14. Jahrhunderts entdeckte Sir William Keith diesen strategisch so überaus günstigen Platz für seine militärischen Absichten und errichtete »Dunotir«. Ab dem Jahr 1715 war die Festung dann verlassen und verfiel schließlich immer mehr.

Im Nordosten | **Schottland**

Destillerien am »Whisky Trail«, Holzfässer in Dufftown (oben). Unten links: Fassmacher in einer Böttcherei, Gerste auf den Orkneys, ein Fermentierbecken. Die Gerste wird eingeweicht, angekeimt und getrocknet (»Mälzen«, großes Bild). Rechte Seite: jahrelange Reife garantiert den ersten genießerischen Schluck.

90 Schottland | Im Nordosten

WHISKY: SONNENLICHT IN FLASCHEN

Die Ruhe, Hingabe und Souveränität, mit der die Schotten ihr Nationalgetränk brennen, scheint direkt in die Flaschen zu fließen. Irische Mönche hatten schon im 6. Jahrhundert – neben der Bekehrung von Heiden – damit begonnen Hochprozentiges zu brennen; 1494 wurde die Destillation von Whisky in Schottland erstmals urkundlich erwähnt.

Beim Scotch Whisky wird die getrocknete Gerste zuerst gereinigt, zwei bis drei Tage in Wasser eingeweicht und auf Malzböden zum Keimen gebracht (Mälzen). Dabei kann Torf unterhalb des mit kleinen Löchern versehenen Darrbodens verbrannt werden, um dem Malz ein entsprechendes Aroma zu verleihen. Das Malz wird gemahlen, mit heißem Wasser in der Maischetonne vermischt (Maischen). Die Würze aus den Maischetonnen pumpt man in große Gärbottiche und setzt Hefe zu, um die Vergärung in Gang zu bringen (Fermentation). Bei der Destillation werden kupferne Brennblasen stark erhitzt; schottische Brennereien destillieren meist zweifach. Bei der zweiten Destillation entsteht der Feinbrand. Mindestens drei Jahre lang in Eichenfässern gelagert und gereift, bekommt das »Sonnenlicht in Flaschen« Farbe und Geschmack. Es gibt drei Fasstypen: Butt (500 Liter), Hogshead (254 Liter), Standard Barrel (190 Liter). In Sammelbehälter entleert und filtriert, wird manchmal noch ein natürlicher Farbstoff zugesetzt.

Im Nordosten | **Schottland**

Oben links: Das Marischal College gehört zur Universität von Aberdeen. Mitte: Figur über einem Bankgebäude in der Union Street. Rechts: Aberdeens Hafen bietet auch Überseeschiffen genügend Tiefgang. Großes Bild: Hochzeit im Schottenrock – vor der King's College Chapel.

Aberdeen

»Stadt aus Granit« wird die Metropole zwischen den Flüssen Dee und Don auch genannt, weil ihr Erscheinungsbild von dem im Umland gewonnenen Granit geprägt ist. Die historische Hauptstadt der Grampians, mit rund 212 000 Einwohnern Schottlands drittgrößte Kapitale, wurde einst von Alexander I. (schottischer König von 1107 bis 1124) als wichtigste Stadt in seinem Königreich bezeichnet. Schon damals war sie ein bedeutendes Handelszentrum mit Fischereihafen. 1337 wurde das damalige »Aberdon« von Edward III. (englischer König von 1327 bis 1377) niedergebrannt. Reges kaufmännisches Treiben brachte der Stadt in den folgenden Jahrhunderten wieder Wohlstand und Anerkennung. Mitte des 20. Jahrhunderts wurde dann das Nordseeöl entdeckt, und heute ist »Europas Ölhauptstadt« eines der wichtigsten Versorgungszentren für die Bohrinseln in der Nordsee.

Im Nordosten | **Schottland**

Balmoral Castle nahe Braemar ist der Sommersitz des britischen Königshauses (oben). Unten: Im Blair Castle bei Pitlochry (älteste Teile aus dem 13. Jahrhundert) sind 30 Zimmer zu besichtigen. Im Uhrzeigersinn von oben links: der Drawing Room, das Treppenhaus, die Waffensammlung und das rote Schlafzimmer.

94 Schottland | Im Nordosten

BURGEN UND SCHLÖSSER: GESCHICHTE AUF SCHRITT UND TRITT

Glanz und Glorie längst vergangener Generationen, Reichtum und Macht von der Turmspitze bis ins Kellerverlies: Wo sonst wird Geschichte so schaurig-schön lebendig wie in den uralten Burgen und Schlössern, die uns die Zeit bewahrt hat? Dabei unterscheidet man reine Wehrburgen, die sich im Lauf der Jahrhunderte zu »Wohnburgen« entwickelten wie das Kildrummy Castle, von einfach befestigten Tower Houses, die von den Lairds (Gutsherren) auf ihrem Hof errichtet wurden – eine frühe Form eines solchen Turmhauses zeigt das Drum Castle aus dem 13. und 14. Jahrhundert). Hinzu kommen Herrenhäuser, die ab Mitte des 16. Jahrhunderts den Burgen folgten: Den Regenten ihrer Zeit entsprechend wurden diese entweder im elisabethanischen und jakobinischen Stil oder – wenn die Bauherren niederen Adels waren – im schottischen Baronialstil (Craigievar Castle) errichtet. Die märchenhaften Fassaden und prunkvollen Räume der Schlösser des Hochadels wie der Könige schließlich orientierten sich häufig am italienischen Palazzo-Stil. Die Region rund um Aberdeen, die »Royal Deeside«, ist besonders reich an solchen eindrucksvollen Relikten, und so bietet sich etwa der Castle Trail an: Diese grandiose Schlosstour führt zu elf wehrhaften Burgen, märchenhaften Schlössern und eindrucksvollen Herrenhäusern.

Im Nordosten | **Schottland** 95

Was wird wohl das bevorzugte Getränk in einem Pub sein, der sich »Malzschaufel« nennt? »The Malt Shovel« findet man am unteren Ende von Edinburghs Cockburn Street, auf dem Weg hinauf in die Altstadt.

Über die Kathedrale (1228 geweiht) in Dunblane schrieb der Autor, Sozialreformer und Kunstprofessor John Ruskin (1819 – 1900): »I know of nothing so perfect in its simplicity, and so beautiful in all Gothic …«

PERTHSHIRE, ANGUS UND DUNDEE, KÖNIGREICH FIFE

Es geht südwärts, nach Pertshire, in das alte Herz Schottlands mit den angrenzenden Grafschaften Angus und Dundee: Die Region ist im Norden und Westen gebirgig, von Landwirtschaft geprägt und eher dünn besiedelt. Im Süden und Osten dagegen leben mehr Menschen – Dundee, die viertgrößte Stadt in Schottland, hat sich im 19. Jahrhundert zum weltweit führenden Zentrum der Juteverarbeitung entwickelt. Golfer zieht es ins Königreich Fife, auf die schöne Halbinsel zwischen dem Firth of Tay und dem Firth of Forth.

Oben: Glamis Castle wurde hauptsächlich in der der zweiten Hälfte des 17. Jahrhunderts errichtet. 1000 Jahre zuvor stand hier schon eine Burg der Earls of Strathmore, Vorfahren der Königinmutter. Unten: Eine Schlossbesichtigung führt auch zum Schlafgemach von »Queen Mom«.

Glamis Castle

Nördlich von Dundee liegt ein Kleinod schottischer Burgen- und Schlösserromantik: Die Türmchen, Zinnen und Erker von Glamis Castle sind typisch für den schottischen Baronialstil. Dieser wird unter anderem dadurch gekennzeichnet, dass einstmals rein funktionale Bauelemente, die etwa zur Verteidigung einer Anlage notwendig waren, nun lediglich dekorativen Zwecken dienten. William Shakespeare wählte, angeblich um König James I. zu schmeicheln, Glamis Castle als Schauplatz für seine Tragödie »Macbeth«. Tatsächlich ermordete der historische Macbeth den schottischen König Duncan I. in der Schlacht bei Elgin und wurde 1040 König. Den herrlichen Schlosspark legte 1770 der englische Gartenarchitekt Lancelot »Capability« Brown an. Im Schlafgemach von »Queen Mom« wurde 1930 Prinzessin Margaret geboren, die Schwester von Königin Elisabeth II.

Oben: Die Halbinsel Fife bietet idyllische Szenen wie hier an der Inselspitze in Crail (links, daneben der Leuchtturm bei Elie und rechts der Hafen von Pittenweem). Großes Bild: Die im 12. Jahrhundert erbaute Kathedrale von St. Andrews war einst die größte Kirche in Schottland.

100　Schottland | Perthshire, Angus und Dundee, Königreich Fife

Königreich Fife

Von der Stadt Edinburgh durch den breiten Meeresarm Firth of Forth getrennt, liegt in einer weiten Bucht im mittelschottischen Kernland das Königreich Fife, dessen Name auf die Zeit der Pikten (siehe Seite 81) zurückgeht, als es tatsächlich ein unabhängiges Königreich war. Hügeliges Farmland und kleine Fischerorte geben dieser Region ihren besonderen Reiz. Größte Stadt auf der Halbinsel ist Kirkcaldy; Verwaltungssitz ist seit 1975 Glenrothes, das mit dem Elektronik-Boom zum Anziehungspunkt für junge, aufstrebende Computerfirmen wurde – »Silicon Glen« wird die umliegende Region deshalb auch genannt. Doch auch die Vergangenheit ist hier nach wie vor gegenwärtig und wird liebevoll bewahrt: In Culross, einem Museumsdorf direkt am Firth of Forth, kann man den Alltag in einer Handelsstadt des 17. und 18. Jahrhunderts nachvollziehen.

Oben und unten links: Golf-Mekka St. Andrews. Großes Bild: Blick über die alte Steinbrücke am 18. Loch des Old Course. Dort befindet sich auch das Clubhaus des Royal and Ancient Golf Club of St. Andrews. Als »Architekt« des legendären Golfplatzes wird in einschlägigen Werken schlicht »Mother Nature« angegeben.

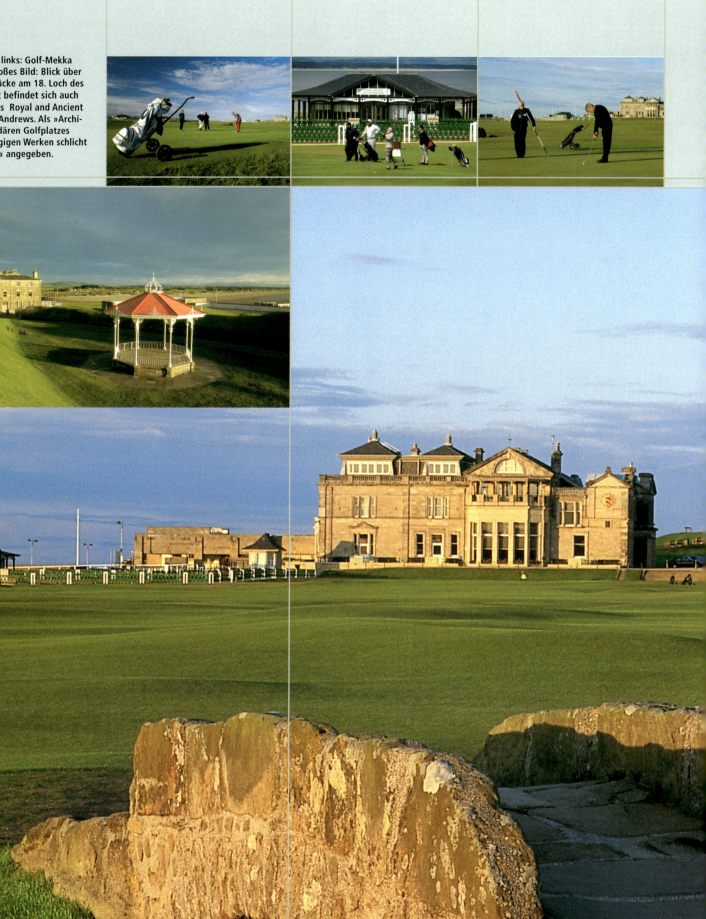

102　Schottland | Perthshire, Angus und Dundee, Königreich Fife

ST. ANDREWS: WO GOLFERTRÄUME WAHR WERDEN

Für den schottischen Historiker Sir Walter Simpson waren zwei Schäfer – natürlich schottische Schäfer – die Väter des Golfsports. Zuerst schlugen sie mit ihren Hirtenstäben nur zum Zeitvertreib Steine vor sich her, bald aber bekam das Ganze einen sportlichen Sinn, und von nun an waren die Steine in ein vorgegebenes Ziel zu befördern: Karnickellöcher. Das mag zwar nur eine von vielen Legenden über die Anfänge des Golfsports sein, aber hier, in St. Andrews, klingt sie besonders glaubhaft: Die Golfmetropole an der Ostküste Schottlands beherbergt den legendärsten Golfclub der Welt, und vermutlich wurde dort schon lange vor dem Jahr 1553, dem Datum der ersten schriftlichen Aufzeichnung über diesen Sport in St. Andrews, Golf gespielt. 1754 gründete man die Society of St. Andrews Golfers, 1834 erhielt der Club das Prädikat »königlich«, 1854 entstand das erhaben über dem Platz thronende Clubhaus. Zu den British Open treffen sich alle zwei Jahre Spieler aus der ganzen Welt in dem 10 000-Einwohner-Ort St. Andrews, in dem Bischof Henry Wardlaw im Jahr 1410 die erste Hochschule Schottlands gegründet hatte. Das British Golf Museum gegenüber dem Clubhaus bietet eine unterhaltsame Lehrstunde für alle, die sich für die Geschichte des Golfsports interessieren – für schottische Schäfer, Hirtenstäbe und Karnickellöcher ...

Perthshire, Angus und Dundee, Königreich Fife | **Schottland**

Lismore Island ist eine 14 Kilometer lange, nur 2,5 Kilometer breite Insel im Loch Linnhe nordwestlich von Oban. Der Leuchtturm steht im äußersten Süden am Eingang zum Sound of Mull.

Stirling Castle: Die Festungsanlage auf einem Felsen, deren Ursprünge bis ins 13. Jahrhundert reichen, beherbergt einige der schönsten Renaissance-Gebäude. Maria Stuart wurde in dem Schloss gekrönt.

WESTLICHES HOCHLAND MIT DEN INSELN

Auch im westlichen Hochland Schottlands sicherten sich die Clan-Chiefs die schönsten Plätze und machten dabei vor schon bestehenden Ansiedelungen keineswegs Halt. Die Stewarts, die MacDonalds, die Campbells – ihre Burgen und Schlösser erzählen von erbitterten Kämpfen um Besitz und vom wechselvollen Lauf der Familienschicksale. Für das typische Schottland-Gefühl sorgen raue Berge, tiefblaue Lochs, schroffe Klippen und zerklüftete Küsten – wo man vielerorts bis heute vom Ertrag des Meeres lebt.

Der MacCaig's Tower hoch über der Stadt ist eine Nachbildung des Kolosseums in Rom (oben rechts). Er entstand Ende des 19. Jahrhunderts im Auftrag des Bankiers John Stuart MacCaig, der damit die Arbeitslosigkeit bekämpfen wollte. Oben links: Blick auf Oban. Großes Bild: am Hafen.

106 **Schottland** | Westliches Hochland mit den Inseln

Oban

Bis in das 19. Jahrhundert hinein war der kleine Ort an der Westküste Schottlands nicht mehr als eines von vielen Fischerdörfern. Doch mit dem Dampfschiff und dem Beginn des Schienenverkehrs – die Eisenbahnlinie wurde im Jahr 1880 gebaut – entwickelte es sich zu einem bedeutenden Fischerei- und Fährhafen. Heute ist Oban »das Tor zu den Western Isles«. Von hier aus geht es zu den Inseln Mull, Coll, Tiree, South Uist und Barra; außerdem werden Tagestouren nach Staffa und Iona angeboten. Beliebt ist die sympathische Stadt mit ihren rund 8000 Einwohnern aber auch wegen ihrer idealen Lage in einer Bucht, gut geschützt von der vorgelagerten Insel Kerrara. Segeln, Baden und Wandern – die Grampian Mountains sind nicht weit – lohnen den Aufenthalt, oder einfach ein Bummel durch den hübschen Hafen, bevor es mit der Fähre weiter auf Schottlands Inseln geht.

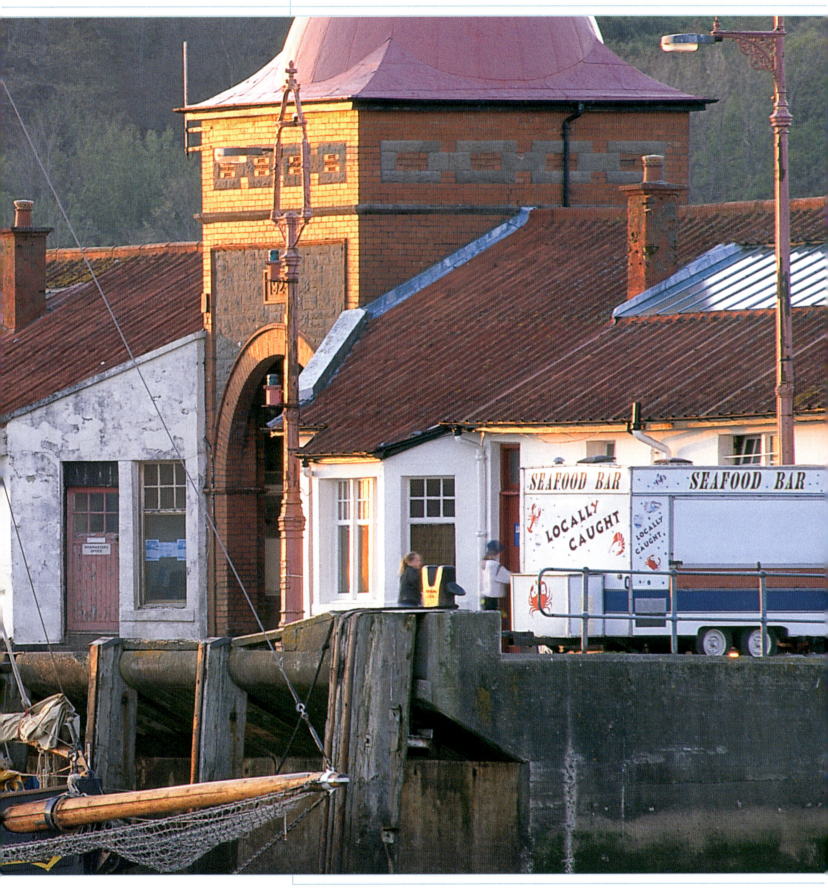

Westliches Hochland mit den Inseln | **Schottland**

Einst Symbol für die Macht der Clans, liegt die Burgruine von Kilchurn Castle heute verlassen im Loch Awe (ganz oben und große Abbildung unten). Sir Colin Campbell of Glenorchy ließ sie um das Jahr 1440 erbauen, 1693 kam eine Festung mit Schutzmauer hinzu. Große Abbildung oben: Stalker Castle.

Stalker Castle und Kilchurn Castle

Einsam, trutzig, sagenumwoben: Das Stalker Castle steht auf einer kleinen Insel im Loch Linnhe, vor der Küste von Oban. Tatsächlich hat die vierstöckige Burg eine bewegte Geschichte. Es heißt, Clan-Chief Sir John Stuart habe sie Mitte des 15. Jahrhunderts für seinen unehelichen Sohn erbaut, den er durch eine Heirat mit dessen Mutter legitimieren wollte. Einen tödlichen Angriff während der Feierlichkeiten überlebte er gerade noch lang genug, um die Heirat zu vollziehen – seine Familie rächte ihn dann später in der Schlacht von Stalk. Die Burg wurde von den Clans heftig umkämpft und schließlich im Jahr 1840 aufgeben. 1965 kaufte sie Lt. Colonel Steward Allward und ließ sie rund zehn Jahre lang sorgfältig restaurieren. Auf einer Halbinsel im Loch Awe, zwischen Oban und Inveraray, thront die verlassene Ruine des im 15. Jahrhundert entstandenen Kilchurn Castle.

Westliches Hochland mit den Inseln | **Schottland**

Inveraray liegt am bewaldeten Ufer des Loch Fyne (oben). Hauptattraktion dieser Stadt ist das klassizistische Inveraray Castle (großes Bild; ganz unten Eingangshalle und Salon): Das Märchenschloss der Herzöge von Argyll entstand Mitte des 18. Jahrhunderts nach Plänen von Robert Morris.

110 **Schottland** | Westliches Hochland mit den Inseln

Inveraray

Über eine schmale Brücke gelangt man in die kleine, pittoreske Siedlung Inveraray am Loch Fyne. Schön restaurierte Highlandhäuser in den Gassen des kleinen Ortes machen den Alltag der Hochländer lebendig. Ein mehrtägiger »Museumsbesuch« bietet sich an. Im alten Gerichtsgebäude kann man Zellen, Häftlings-Biografien, Gerichtsprotokolle und mittelalterliche Folterinstrumente besichtigen – ein spannender Ausflug in einige Jahrhunderte schottischer Kriminalgeschichte. In dem von einem zauberhaften Park umgebenen, auf dem Fundament einer mittelalterlichen Burg stehenden Inveraray Castle mit seinen runden Ecktürmen und zinnenbewehrten Kegeldächern leben die Herzöge von Argyll, die Oberhäupter des Campbell-Clans, der zu den ältesten Familien Schottlands gehört und Anfang des 15. Jahrhunderts vom Loch Awe hierher zog.

Die natürlichen Lachsbestände sind zwar gesunken, doch immer noch gibt es reichlich Gelegenheit, den köstlichen Fisch eigenhändig an Land zu ziehen – und mit dem treuen Labrador an der Seite wird das Warten am Ufer nicht allzu zu einsam. In großen »Smoke Houses« hängt man den Lachs zum Räuchern auf.

Schottland | Westliches Hochland mit den Inseln

LACHSZUCHT UND ANGELN IN SCHOTTLAND

In Schottlands Meeren und Gewässern tummeln sich Hering, Kabeljau, Makrele, Scholle, Schellfisch und Lachs, Krabben, Hummer und Muscheln. Mehr als zwei Drittel des britischen Fischfangs werden von schottischen Häfen aus betrieben. Dennoch hat die Fischerei längst nicht mehr die wirtschaftliche Bedeutung von einst, heute ist dieser Erwerbszweig von ständigen Krisen bedroht. In vielen Küstenregionen entstanden deshalb in den letzten Jahrzehnten Fischfarmen, die allerdings umweltpolitisch umstritten sind. Im Westen Schottlands und auf den Inseln hat sich die Lachszucht zu einer wichtigen Erwerbsquelle entwickelt. Die Zuchtlachsproduktion steigerte sich von weniger als 1000 Tonnen zu Beginn der 1970er-Jahre auf 15 000 Tonnen Mitte der 1990er-Jahre, sodass Schottland heute als größter Lieferant von Zuchtlachs gilt.
Flüsse wie Tweed und Tay sind aber noch reich an natürlichen Forellen- und Lachsbeständen – im River Spey werden sogar jährlich rund 10 000 Lachse mit Rute und Rolle gefangen. Auch mit seinen mehr als 6000 Seen ist Schottland ein Paradies für Angler. In den großen Seen findet man See- und Rotforellen, Hechte und viele andere Fische. Zwar wacht der Gesetzgeber mit Argusaugen darüber, dass keine unerlaubte Fischerei stattfindet, aber es gibt genügend ausgewiesene Angelreviere.

Stadtführung der etwas anderen Art: Bei der »Witchery Tour« kann es gut sein, dass sich der Guide als »gehängter Straßenräuber« vorstellt, der eigens für diese Tour von den Toten zurückgekehrt sei …

Ein Schloss, ein Palast, ein Vulkan, mehr Restaurants pro Kopf als London und allein im August fünf unterschiedliche Festivals: Edinburgh wird zu Recht Jahr für Jahr zur Lieblingsstadt der Briten gewählt.

EDINBURGH UND DIE LOTHIANS

Die Lothians – das Gebiet westlich und östlich von Edinburgh – könnte man als »das schottische Flachland« bezeichnen. Im Norden wird diese Region vom Meeresarm Firth of Forth, der wirtschaftlich wichtigsten Bucht an der schottischen Ostküste begrenzt, im Süden von den Pentland Hills. Edinburgh ist seit mehr als einem halben Jahrtausend der kulturelle Mittelpunkt des Landes. Wie Rom wurde die schottische Hauptstadt auf »sieben Hügeln« erbaut, und als Zentrum der Aufklärung nannte man sie auch gern »Athen des Nordens«.

Rund um die Shoppingmeile Princess Street wird flaniert und im Pub entspannt (obere Reihe). »Jenners« (oben, Mitte) ist das »älteste unabhängige Kaufhaus der Welt«. Unten: Detail aus dem King's Dining Room im Schloss. Große Bilder: am Grassmarket (links), in der Altstadt.

116 **Schottland** | Edinburgh und die Lothians

Edinburgh

Seit 1995 gehört Edinburgh zum Weltkulturerbe der UNESCO. Besonders auffällig ist der architektonische Kontrast zwischen der mittelalterlichen Altstadt und der gegen Ende des 18. Jahrhunderts umsichtig geplanten Neustadt im georgianischen Stil. Edinburgh Castle, eine gewaltige Festung, geht in ihren ältesten Teilen auf das 11. Jahrhundert zurück. St. Margaret's Chapel, ebenfalls auf dem Schlossberg, wurde 1090 geweiht. Den Castle Rock hinab bilden die Straßenzüge Lawnmarket, High Street und Canongate die Royal Mile, die Hauptader der mit Durchgängen und Hinterhöfen durchsetzten Altstadt. Hier reihen sich Adelshäuser wie Gladstone's Land an Gotteshäuser wie die spätgotische Kathedrale von St. Giles. Am Ostende der Royal Mile steht der im Jahr 1128 als Augustinerabtei errichtete Palace of Holyroodhouse, später eine Residenz der schottischen Könige.

»Living Art«: Beim alternativen »Fringe Festival« (obere Reihe) treten rund vier Wochen lang mehr als 10 000 Künstler der verschiedensten Sparten in rund 1500 Shows an über 200 Spielstätten auf. Unten: »Pipes & Drums« beim »Military Tattoo« (Zapfenstreich) auf der Castle Esplanade vor dem Schloss.

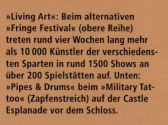

FRÖHLICH-BUNT: FESTIVAL-HAUPTSTADT EDINBURGH

Treffpunkt für Künstler aus aller Welt ist Edinburgh im Grunde das ganze Jahr über, weil Kultur hier in der schottischen Hauptstadt einen Nährboden findet wie sonst kaum anderswo. Im August vereinen sich Künstler und Stadt zum Superlativ: Das berühmte Edinburgh Festival ist eine Ansammlung diverser Festspiele, die Jahr für Jahr rund zwei Millionen Besucher anlocken. In dieser Zeit erobern Gaukler die Gassen, Theatergruppen funktionieren auch noch den letzen Hinterhof zur experimentellen Bühne um, internationale Musikstars treten auf, Kabarett, Zirkus, Oper, Film und Ballett werden geboten. Und natürlich ertönen immer und überall Dudelsackweisen – von ambitionierten »Einzeltätern«, die sich das ganze Jahr über auf dieses großartige Ereignis vorbereiten, bis hin zum legendären »Military Tattoo« auf der Castle Esplanade, wo die »Pipes & Drums« drei Wochen lang den Zapfenstreich vor dem kunstvoll illuminierten Schloss spielen. Start des legendären Kultursommers ist Ende Juli, wenn das »International Blues and Jazz Festival« beginnt, dann folgt das »Fringe Festival« (fringe = Rand), das sich in den letzten Jahren als Alternativ-Veranstaltung vor dem eigentlichen bürgerlich-etablierten »International Festival« entwickelt hat. Dieses beginnt Mitte August und bietet mehr als 21 000 einzelne Veranstaltungen.

Edinburgh und die Lothians | Schottland 119

Mythen und Legenden: Die Templer sollen in Rosslyn Chapel den »heiligen Gral« vergraben haben, Steinmetzarbeiten lange vor der Entdeckung Amerikas durch Kolumbus Mais zeigen, und allegorische Darstellungen wie der berühmte »Totentanz« geben weitere Rätsel auf.

Rosslyn Chapel

Südlich von Edinburgh hütet Roslin, eine ehemalige Bergarbeitersiedlung, einen weltberühmten Schatz, der durch den Bestseller-Autor Dan Brown und seinen (unter dem Titel »The Da Vinci Code« auch verfilmten) Bestseller »Sakrileg« neue Aufmerksamkeit erlangte: die Rosslyn Chapel, eine der mythenumwobensten Kirchen Europas. Im Jahr 1450 stiftete der dritte Graf von Orkney, William Sinclair, die Kapelle, deren Bauarbeiten aber nur bis zu seinem Tod 1484 andauerten; sie blieb unvollendet. In der nur 21 Meter langen Kirche schufen Baumeister und Steinmetze ein aufwendiges Dekor und allegorische Skulpturen, die bis heute allerlei Rätsel aufgeben. Zu den eher harmlosen unter den vielen Legenden, die sich um diesen Ort ranken, gehört auch, dass die spätgotische »Prentice Pillar«, eine besonders reich verzierte Säule, von einem Lehrling geschaffen worden sei.

Nomen est omen: »The Filling Station« (ganz oben links, daneben das »Griffin«; beide in Edinburgh). Große Bilder: »The Pitcher and Piano Bar«, »Drum + Monkey« (oben links, Mitte; beide in Glasgow), »Deacon Brodie's Tavern« (oben rechts, unten Mitte), »Bannermans Pub«, »Abbotsford Bar« (unten links/rechts; alle in Edinburgh).

PUBS: SCHOTTISCHE GASTFREUNDSCHAFT UND GESELLIGKEIT

Eine Pause in einer der ungezählten, typisch schottischen Kneipen ist nicht nur erholsam, sondern vermittelt auch einen unverfälschten Eindruck schottischer Gastfreundschaft und Geselligkeit. In der Regel wird man hier nicht bedient, sondern geht an die Theke und bezahlt dort auch gleich; es gibt aber auch Pubs mit angeschlossenem Restaurant oder Biergarten. Vom Sandwich für zwischendurch bis zum traditionellen Angus-Steak oder gefüllten Schafsmagen (»Haggis«) gibt es eine kulinarische Bandbreite für jeden Geschmack. Der Pub (Kurzform für »Public House«) ist eine Erfindung der viktorianischen Zeit – 1915 wurde eine Sperrstunde um 23.00 Uhr gesetzlich verankert. Damit sollte verhindert werden, dass die Arbeiter bis tief in die Nacht tranken und morgens verkatert in den Fabriken standen. Um 22.45 Uhr hatte mit dem Ausruf »Last Order« die letzte Bestellung zu erfolgen; dazu läutete der Wirt eine Glocke. Bis 23.00 Uhr (»Drink up please«) schütteten die Gäste die Alkoholika in sich hinein – mit Blick auf die knappe Zeit oftmals in exzessartigen Gelagen (»Binge Drinking«). Um dies zu vermeiden, wurden die Vorschriften gelockert; mit zweifelhaftem Erfolg. In Edinburgh haben Pubs in der Regel bis ein Uhr nachts geöffnet, doch oftmals geht es auch viel länger – für eine letzte Dart-Runde mit der neuen Pub-Bekanntschaft vielleicht.

Edinburgh und die Lothians | Schottland

Technische Glanzleistung: Die Ingenieure Sir John Fowler und Sir Benjamin Baker schufen von 1882 bis 1890 die 2,5 Kilometer lange Railway Bridge über den Firth of Forth, für die von Edingburgh nach Norden führenden Bahnlinien. Großes Bild: Albert Hotel in North Queensferry.

Firth of Forth

Der Meeresarm Firth of Forth bei Edinburgh trennt das Königreich Fife im Norden vom County Lothian im Süden. Zwischen den Orten North Queensferry und South Queensferry wird er von zwei Brücken überspannt, der Forth Rail Bridge und der Forth Road Bridge. Wo früher jahrhundertelang eine Fähre die Reisenden über den Fluss setzte, entstand Ende des 19. Jahrhunderts ein technisches Wunderwerk: 1890 weihte man hier die rund 2,5 Kilometer lange Eisenbahnbrücke ein. Mit ihrer kühn geschwungenen Stahlkonstruktion in leuchtendem Rot gilt sie seitdem als ein Wahrzeichen Schottlands und war einst die größte Brücke der Welt. Die Züge überqueren sie knapp 50 Meter über dem Wasser, sodass der Schiffsverkehr ungehindert darunter passieren kann. 1964 entstand in der Nachbarschaft dieses damals mutigen Bauwerks auch eine mautpflichtige Autostraßenbrücke.

Auf Schloss Linlithgow in den Lothians (großes Bild und ganz unten) wurde Maria Stuart geboren. Durch die Wahl ihrer Liebhaber und Ehemänner verlor die ohnehin ungeliebte katholische Königin die Gunst ihrer Landsleute. Oben: Dining Room, Bedroom (links/ rechts), Totenmaske von Maria Stuart im Lennoxlove House in Haddington.

126 **Schottland** | Edinburgh und die Lothians

MARIA STUART UND ELISABETH I.

Diese Geschichte zweier Frauen, die jahrzehntelang miteinander um die Macht im Lande Britannia kämpften, ist weltberühmt: Friedrich Schillers Tragödie (1800) und Stefan Zweigs Biografie (1935) sind die wohl bekanntesten literarischen Werke über das tragische Leben der Maria Stuart. 1542 wurde die Tochter des schottischen Königs Jakob V. und seiner Frau Marie de Guise geboren. Erst neun Monate alt, krönte man sie nach dem Tod des Vaters zur »Queen of Scots«. Mit 15 heiratete sie den französischen Thronfolger; nach dessen baldigem Tod und ihrer Rückkehr aus Frankreich galt sie als gefährliche Gegenspielerin der englischen Königin Elisabeth I. Von den Engländern in »Schutzhaft« genommen, geriet sie zur tragischen Figur im Kampf der Katholiken und Protestanten um die Thronfolge und verbrachte 18 Jahre in Gefangenschaft. Trotz der Gefahr, die für sie von der schottischen Monarchin ausgehen musste, weigerte sich Königin Elisabeth I. viele Jahre lang, ihre Rivalin hinrichten zu lassen, um nicht als offizielle Königinmörderin in die Geschichte einzugehen. Als Maria Stuart jedoch der Mordintrige gegen die englische Königin beschuldigt wurde, unterzeichnete Elisabeth I. den Henkersbefehl, der – angeblich gegen ihren Willen – auch sofort umgesetzt wurde: Am 8. Februar 1587 starb Maria Stuart auf dem Schafott.

Vom einst geschmähten Industriemoloch zur modernen Kultur- und Dienstleistungsmetropole: Dem katastrophalen Niedergang von Industrie und Werften folgte eine erfolgreiche Umstrukturierung.

Elegantes Konferenzzentrum: das Clyde Auditorium von Sir Norman Foster am gleichnamigen Fluss. Den Beinamen »Armadillo« (Gürteltierchen) verdankt es seiner schuppenartigen Bauweise.

GLASGOW UND DAS CLYDE-TAL

Das schöne Tal rund um Glasgow verdankt seinen Namen dem River Clyde. Von den Lead Hills schlängelt er sich meerwärts durch den fruchtbaren Boden von Lanarkshire und erreicht schließlich Glasgow, die einstige Industriehochburg des Britischen Reiches. Das Tal vereint ursprüngliche Natur mit Obstplantagen und Industriestandorten, die dank Wasserkraft und Küstenlage entstehen konnten. Die Bucht Firth of Clyde an der Westküste führt in den atlantischen Ozean und ermöglichte schon früh einen regen Schiffsverkehr.

Glasgow in altem und neuem Glanz. Oben von links: Pollock Country Park mit Burrell Collection, Gallery of Modern Art (auch das Treppenhaus darunter), Bibliothek in der Glasgow School of Art. Diese Seite unten: im Rathaus, Innenaufnahmen der Kathedrale mit »Moses«-Fenster und Krypta, Naturkundemuseum. Rechte Seite: »People's Palace«, »The Horse Shoe«-Pub, Port Glasgow.

130 **Schottland** | Glasgow und das Clyde-Tal

Glasgow und Port Glasgow

1990 Europäische Kulturhauptstadt, 1999 »UK City of Architecture and Design«: Glasgow, mit seinen rund 600 000 Einwohnern die größte Stadt Schottlands, führt längst nicht mehr das Schattendasein von einst, sondern überrascht im Zentrum mit exklusiven Geschäften, imposanten Fassaden und hübschen Einkaufspassagen. Besucher verspüren hier weltstädtisches Flair, und der radikale Imagewechsel Glasgows in den letzten 20 Jahren hatte zur Folge, dass manche Besucher im Gegensatz zum Erzrivalen Edinburgh sogar von Glasgow als einer Trendmetropole sprechen. Eine rekordverdächtige Zahl an Theatern und anderen Kulturstätten, Museen von Weltrang sowie mehr als 70 Parks und Grünzonen geben der einstigen Arbeiterstadt neuen Glanz. Port Glasgow mit seiner Schiffswerft und dem Newark Castle (16. Jahrhundert) liegt circa 40 Kilometer westlich von Glasgow.

Glasgow und das Clyde-Tal | **Schottland**

Macintosh pur: der Willow Tea Room in der Sauchiehall Street (oben). In der Hunterian Art Gallery wurde das Macintosh House wieder aufgebaut (großes Bild und linke Seite erstes, zweites, viertes Bild; drittes Bild in der Glasgow School of Art). Rechte Seite: das »Hill House« für den Verleger Walter W. Blackie.

132 Schottland | Glasgow und das Clyde-Tal

MACINTOSH: ART NOUVEAU AUF SCHOTTISCHE WEISE

Glasgows Rang als Design-Metropole reicht bis zum Ende des 19. Jahrhunderts zurück: Mit ihrer ureigenen Interpretation des Jugendstils avancierte die Künstlergruppe »The Four« zu den Lieblingen der Avantgarde und war bald auch über die Landesgrenzen hinaus bekannt. Ihr Gründer und künstlerischer Kopf, Charles Rennie Macintosh (1868–1928), hatte als eines von elf Kindern eines Polizeibeamten das Glück, seiner Begabung folgen zu dürfen: Neben einer Lehre in einem Architekturbüro belegte er Abendkurse an der Glasgower Kunstakademie. Macintosh entwarf Häuser, Möbel und Dekorationen; in seinem unverwechselbaren Stil vereinte er funktionelle Einfachheit mit spielerischen, stimmungsvollen Details. Macintoshs bevorzugte Farben Weiß, Grau, blasses Oliv und Violett vermitteln Kühle und Sanftheit zugleich. Zur richtungsweisenden Größe in der Architekturmoderne avancierte der junge Designer im Jahr 1896 mit einem Entwurf für die Glasgow School of Art in der Renfrew Street, die der Architekt, Industriedesigner und Bauhaus-Gründer Walter Gropius später als »Anfang des Durchbruchs« bezeichnete. Charles Rennie Macintosh brachte es noch zu Lebzeiten zu Weltruhm: Im Jahr 1900 erhielt er auf der Secessionsausstellung in Wien einen eigenen Pavillon, 1902 begeisterte er in Turin mit dem »Scottish Pavillon«.

Glasgow und das Clyde-Tal | **Schottland**

»Und willst du des Zaubers sicher sein / So besuche Melros' bei Mondenschein«: Sir Walter Scotts Bibliothek in seinem Traumdomizil »Abbotsford House«, in der Nähe von Melrose Abbey.

Blick auf die Eildon Hills und das grüne Tal des River Tweed: »Scott's View«, der Lieblingsplatz des Dichters, liegt nur wenige Kilometer östlich von Melrose bei Bemeryde auf einer Hügelkuppe.

IM SÜDEN

Waldreiche Gebiete kennzeichnen den Süden Schottlands, in dem der River Tweed sein Zuhause hat. Weide- und Moorlandschaften umgeben einsame Hügel; an der Nordseeküste entlang, von North Berwick über Dunbar bis an die Grenze zu England, wechseln sich steile Klippen, idyllische Buchten und einsame Sandstrände ab. Hier gab sich die Geschichte Schottlands besonders kämpferisch, waren doch Landesgrenzen zu verteidigen – das Herz vieler Schotten hängt deshalb ganz besonders an »the borders«.

Imposant von außen (großes Bild), verzaubert das Innere von Culzean Castle mit einer prachtvollen Einrichtung. Obere Bildleiste: Der Picture Room, das kunstvolle Treppenhaus und das Eisenhower-Apartment. Unten: Girvan ist ein schmuckes Hafenstädtchen in der Umgebung.

136 **Schottland** | Im Süden

Culzean Castle und Girvan

Hoch auf den Klippen südlich von Ayr steht Culzean Castle, eines der prächtigsten Schlösser Schottlands. Die im späten 14. Jahrhundert entstandene Festung wurde im 18. Jahrhundert ausgebaut. Geschaffen hat das Meisterwerk Schottlands berühmter Architekt Robert Adam: Von 1777 bis zu seinem Tod im Jahr 1792 hatte er die Bauaufsicht. 1945 übergaben die Besitzer, die Familie Kennedy, ihren Stammsitz dem National Trust for Scotland, baten aber darum, General Eisenhower auf Lebenszeit einige Räume überlassen zu dürfen, als Dank für dessen Verdienste um Teile der schottischen Truppen im Zweiten Weltkrieg. Vom weiter südlich gelegenen Badeort Girvan, in dem jeden Spätsommer ein Internationales Jazzfestival veranstaltet wird, kann man mit dem Boot zum Ailsa Craig (gälisch: »Märchenfelsen«) übersetzen, eine 15 Kilometer vor der Küste liegende Vogelinsel.

Im Süden | Schottland 137

Drumlanrig Castle in Galloway war Ende des 17. Jahrhunderts Stammsitz des Douglas-Clans: Drawing Room, Morning Room und Treppenhaus (oben). Unten: Caerlaverock Castle südöstlich von Dumfries. Großes Bild: Die Ruinen der Sweetheart Abbey, gegründet von der Lady of Galloway.

Dumfries und Galloway

»Burns-Land« wird die Region Dumfries und Galloway auch genannt, weil der schottische Nationaldichter Robert Burns sich für die letzten Schaffensjahre seines kurzen Lebens hierher zurückzog. Das »Robert Burns Centre« erinnert an ihn. Das Hügelland im schottischen Südwesten bietet neben Kultur auch viel Natur, schöne Gärten und Parks, Abteiruinen sowie – natürlich – zahlreiche Schlösser. Die größte Stadt der Region, Dumfries, hat rund 32 000 Einwohner und blickt auf eine lange Geschichte zurück (Stadtrecht im Jahr 1395). Der Ferienort ist von fünf Seen umgeben. Beliebt war diese Region im 19. Jahrhundert aber vor allem aus einem anderen Grund: In Gretna Green, dem letzten schottischen Dorf diesseits der Grenze, galten die englischen Ehegesetze nicht, und so konnten sich Verliebte hier auch ohne Zustimmung ihrer Eltern trauen lassen.

Einblicke in Sir Walter Scotts Herrenhaus Abbotsford bei Melrose, das er von 1812 bis 1814 erbauen ließ (oben von links: Büste, Dining Room, Drawing Room, darunter der Schreibtisch des Romanciers). Rechte Seite: Pubs in Dumfries erinnern an Robert Burns, den früh gestorbenen Dichter und (Liebes-)Abenteurer.

140 Schottland | Im Süden

WALTER SCOTT UND ROBERT BURNS

Der eine ging als Nationalbarde in die Geschichte seines Landes ein, der andere avancierte zum bedeutendsten Romancier Schottlands: Robert Burns (1759–1796) und Walter Scott (1771–1832) stärkten nicht nur das Selbstbewusstsein ihrer Landsleute, sondern prägten auch das Bild der Schotten nach außen wesentlich mit. Der Romantiker Burns wurde als eines von sieben Kindern eines armen Pächters in Ayrshire geboren und entfaltete schnell sein »bäuerliches Naturtalent«. Obwohl ein glühender Anhänger der Aufklärung, verfasste er lyrische Gedichte in schottischer Mundart, romantisch-melancholische Balladen und eine umfangreiche Liedsammlung. Viele seiner Lieder sind bis heute unvergessen (»Red, red Rose«; »Auld Lang Syne«). In Edinburgher Salons war Robert Burns bald ein gefeierter Mann, doch eine Dozentenstelle in Schottlands Metropole lehnte er ab. Stattdessen zog er nach Dumfries, wo er im Alter von nur 37 Jahren an einer Streptokokkeninfektion starb. Walter Scott, in Edinburgh geboren, verfasste anfangs Gedichte und schilderte später in seinen historischen Romanen 500 Jahre englisch-schottische Geschichte. In Deutschland machte ihn vor allem der Genre-Klassiker »Ivanhoe« bekannt. 1818 wurde er für seine Verdienste in den Adelsstand gehoben, Sir Walter Scott starb mit 61 Jahren.

Im Süden | **Schottland** 141

Traquair House ist das älteste kontinu-
ierlich bewohnte Herrenhaus Schott-
lands. Oben von links: die Bibliothek,
Besitzerin Catherine Maxwell-Stuart,
Trophäensammlung in Scotts Abbots-
ford House. Großes Bild: Jedburgh
Abbey, ganz unten links Dryburgh
Abbey, daneben Melrose Abbey.

The Borders

Gleich hinter der Grenze zu Schottland wird Großbritannien ganz und gar zu »Scotts Country«, wie die Region auch genannt wird – man hört es schon am Dialekt. Um den River Tweed herum finden sich in lieblicher Hügellandschaft traditionsreiche Tweedstoff-Webereien; noble Herrenhäuser und Schlösser laden zu schönen Sightseeing-Touren ein, und wohl kaum eine andere Region Schottlands war Schauplatz so heftiger Kämpfe wie das Grenzgebiet »the borders«: Geschichte(n) erzählt hier wohl fast jeder Stein. Der bewegte Werdegang der Lowlands wurde maßgeblich von vier Abteien bestimmt, die alle in der ersten Hälfte des 12. Jahrhunderts entstanden waren. Diese entwickelten sich trotz der vielen Kämpfe in der Region zu kulturell und wirtschaftlich bedeutenden Zentren – manchmal wurde sogar der König wegen eines Kredits vorstellig.

Im Süden | Schottland

In Campbell's Tweedhouse in Beauly gibt es Stoffe aus heimischer Wolle (oben). Großes Bild: Auf Inseln wie Arran ist die Schafzucht allgegenwärtig. Rechte Seite unten: Größter Lämmermarkt Europas ist Lairg in den Highlands. Auf Schafauktionen versuchen die Farmer, einen guten Preis für ihre Tiere zu erzielen.

SCHAFE: SANFTE SEELE, DICKES FELL

Fast könnte man meinen, sie seien die vorrangige Lebensform in Schottland. Und so verwundert es auch kaum, dass das Klonschaf Dolly ein Werk schottischer Wissenschaftler war. Auf der Insel Soay des St. Kilda-Archipels im Nordatlantik lebt verwildert sogar noch die wohl älteste Rasse dieses Nutztiertyps, das »Soay Sheep«. Einst waren die sanftmütigen Wiederkäuer eine der wichtigsten Erwerbsquellen für Schottlands Landwirtschaft, denn ihr bevorzugtes Mahl – sattes, grünes Gras – gab es wahrlich genug in den Highlands und auf den Inseln. Ihre dicke feste Wolle schützte sie hervorragend gegen Sturm und Kälte und ließ sich bestens zu wärmenden Wollsachen verarbeiten, die als Exportschlager Liebhaber in aller Welt fanden. Ein anderes Schafsprodukt ist das Nationalgericht »Haggis«, pikant gewürzte Innereien und Hafermehl, im Schafsmagen gekocht, zu dem traditionell Whisky getrunken wird.

Schottland ist zwar nach wie vor Exportland für Wolle und Lammfleisch, doch die Farmer verdienen kaum noch Geld mit ihren Tieren: Das arbeitsintensive Scheren, die Verarbeitung, die Transportkosten fressen die im globalen Wettbewerb massiv gesunkenen Umsätze auf. Dennoch steht wohl nicht zu befürchten, dass die Schafe aus Schottland jemals ganz verschwinden werden: dem Nationalgericht sei Dank.

Im Süden | Schottland 145

Der so genannte »Kilt Rock« liegt an der nördlichen Halbinsel Trotternish der Insel Skye und verdankt seinen Namen dem tartanähnlichen Gesteinsmuster der bräunlichen Basaltfelsen.

Grandiose Szenerie: In der Abenddämmerung ziehen Gewitterwolken über dem Ben Nevis und Loch Eil auf. Mit seinen 1344 Metern Höhe ist der Ben Nevis der höchste Berg Großbritanniens.

ATLAS

Schottland umfasst rund ein Viertel der britischen Hauptinsel. Dazu gehören die Orkney- und Shetland-Inseln in der Nordsee sowie die beiden westlich im Atlantik vorgelagerten Inselgruppen der Inneren und Äußeren Hebriden. Grob gegliedert wird Schottland in die Mittel- und Hochgebirge der »Highlands« im Norden, zu denen auch die Inselgruppen gehören, das flache bis hügelige Tiefland der »Central Lowlands« im Zentrum und das Berg- und Hügelland der »Southern Uplands« im Süden.

Naturwunder Schottland: Von wildromantischer Schönheit ist das bei Wintersportlern, Wanderern und Bergsteigern gleichermaßen beliebte Tal von Glencoe. Einige Gipfel wie hier der Buachaille Etive Mór (1022 Meter) reichen bis über die 1000-Meter-Marke.

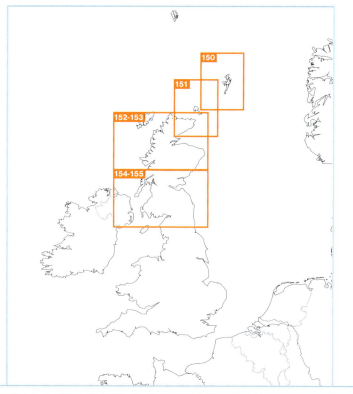

ZEICHENERKLÄRUNG
ZU DEN KARTEN 1 : 950 000

148 Schottland

LEGENDE

Die Karten auf den folgenden Seiten zeigen Schottland im Maßstab 1:950 000. Die geografischen Details werden dabei durch zahlreiche touristische Informationen ergänzt. Zum einen durch das ausführlich dargestellte Verkehrsnetz, zum anderen durch Piktogramme, die Lage und Art aller wichtigen Sehenswürdigkeiten und Freizeitziele bezeichnen. Touristisch interessante Städte sind durch eine gelb hinterlegte Bezeichnung hervorgehoben. Auch die von der UNESCO zum Welterbe gezählten Monumente sind in den Karten besonders gekennzeichnet.

PIKTOGRAMME

- Berühmte Autoroute
- Legendäre Bahnstrecke
- UNESCO-Weltnaturerbe
- Gebirgslandschaft
- Felslandschaft
- Schlucht/Canyon
- Höhle
- Flusslandschaft
- Wasserfall/Stromschnelle
- Seenlandschaft
- Naturpark
- Nationalpark (Landschaft)
- Nationalpark (Flora)
- Nationalpark (Fauna)
- Nationalpark (Kultur)
- Whale watching
- Zoo/Safaripark
- Botanischer Garten
- Küstenlandschaft
- Insel
- Strand
- UNESCO-Weltkulturerbe
- Außergewöhnliche Metropole
- Vor- und Frühgeschichte

- Römische Antike
- Christliche Kulturstätte
- Christliches Kloster
- Kulturlandschaft
- Historisches Stadtbild
- Burg/Festung/Wehranlage
- Burgruine
- Schloss/Palast
- Technisches/industrielles Monument
- Sehenswerter Leuchtturm
- Herausragende Brücke
- Grabmal
- Kriegsschauplatz/Schlachtfeld
- Denkmal
- Freilichtmuseum
- Informationszentrum
- Aufgelassenes Bergwerk
- Sehenswerter Turm
- Markt/Basar
- Feste und Festivals
- Museum
- Theater
- Weltausstellung

- Rennstrecke
- Golf
- Pferdesport
- Skigebiet
- Segeln
- Tauchen
- Windsurfen
- Wellenreiten
- Seehafen
- Badeort
- Mineralbad/Therme
- Freizeitpark
- Spielcasino
- Wandergebiet
- Aussichtspunkt
- Bergbahn
- Schiffswrack

Zusätzliche Piktogramme für das Register

- ○ Ort/Stadt
- ● Hauptstadt
- □ Provinz
- ◉ Provinzhauptstadt

Schottland 149

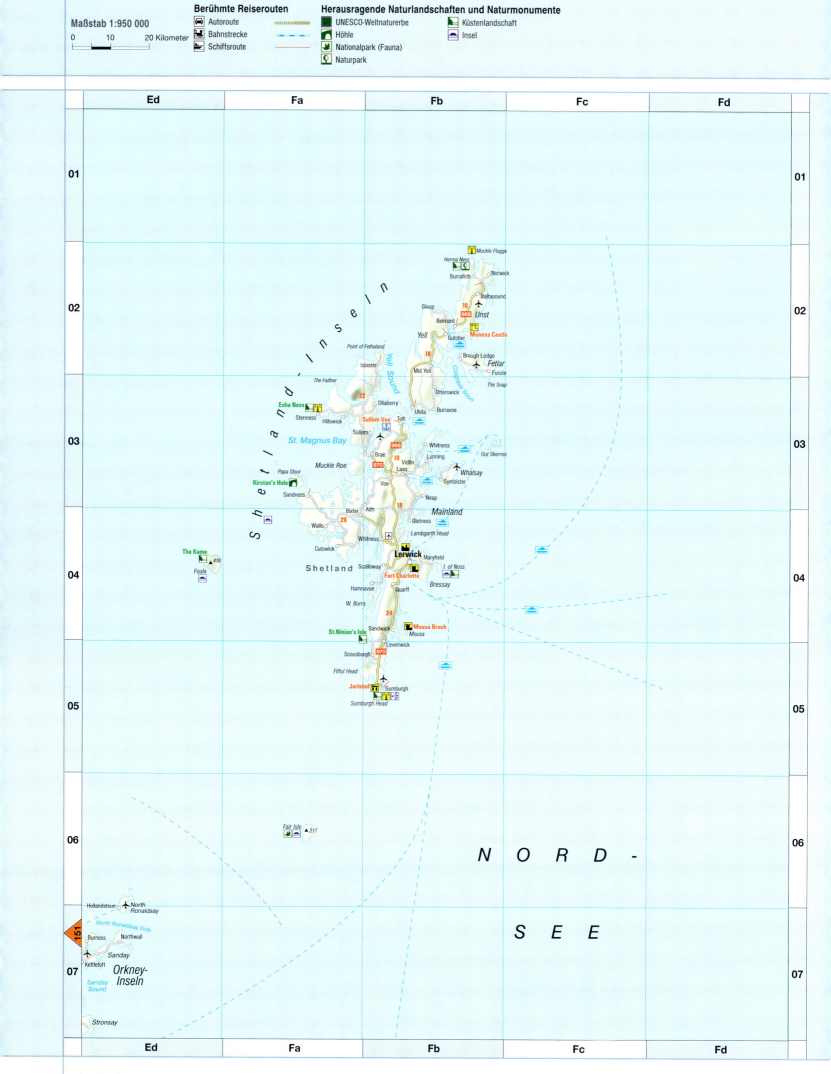

Herausragende Metropolen, Kulturmonumente und -veranstaltungen

- UNESCO-Weltkulturerbe
- Vor- und Frühgeschichte
- Christliche Kulturstätte
- Romanische Kirche
- Burg/Festung/Wehranlage
- Palast/Schloss
- Historisches Stadtbild
- Sehenswerter Leuchtturm
- Burgruine

Sport- und Freizeitziele

- Tauchen
- Seehafen
- Aussichtspunkt

Schottland 151

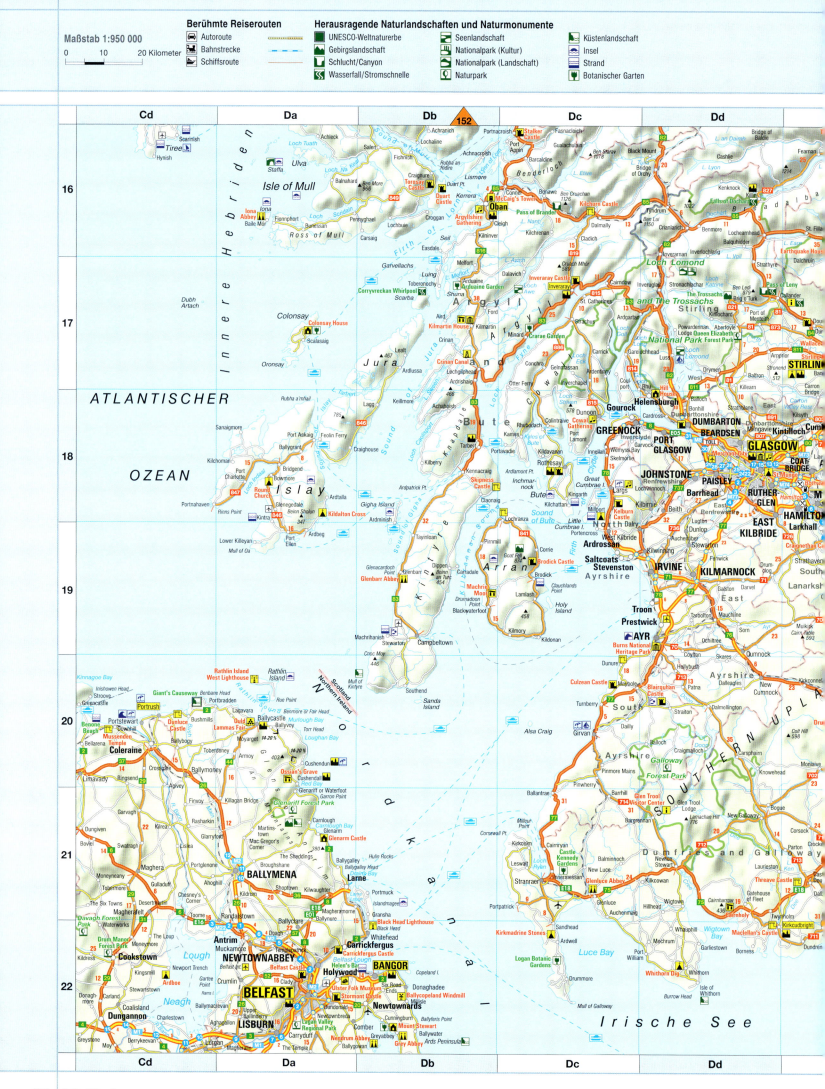

Die Registereinträge beziehen sich auf den Bildteil und auf die Karten. Nach dem Stichwort folgt, entsprechend dem Karteneintrag, ein Piktogramm (Erklärung Seite 149), das auf die Art der Sehenswürdigkeit verweist. Seitenzahl und Suchfeldangabe für den Kartenteil sind fett gedruckt. Danach folgt die Seitenzahl für den Bildteil, und zuletzt werden Internet-Adressen angegeben, die einen raschen Zugriff auf weitere aktuelle Informationen über die in diesem Werk beschriebenen Orte und Sehenswürdigkeiten ermöglichen. Die meisten Einträge auf den Bildseiten sind auch im Kartenteil zu finden, der darüber hinaus eine Fülle weiterer touristischer Hinweise bietet.

Abbotsford House	**155**	**Ec19**		www.scottsabbotsford.co.uk
			134, 140, 142	www.melrose.bordernet.co.uk/abbotsford
Aberdeen	**153**	**Ed14**		www.agtb.org
			2, 93, 95	www.aberdeencity.gov.uk/acc/default.asp
Aberdeenshire	**153**	**Ec13**	89	www.aberdeenshire.gov.uk
Aird	**154**	**Db17**		www.waterfordtourism.org/ardmore.htm
Amhuinnsuidhe Castle	**152**	**Cd11**		www.amhuinnsuidhe-castle.co.uk
Angus	**153**	**Ec15**	97f.	www.angus.gov.uk
Arbroath Abbey	**155**	**Ec16**		www.undiscoveredscotland.co.uk/arbroath/arbroathabbey
Arbuthnott House	**153**	**Ed15**		www.arbuthnott.co.uk/images/ArbHouse/arbhouse.htm
Arduaine Garden	**154**	**Db17**		www.undiscoveredscotland.co.uk/arduaine/arduainegarden
Ardvreck Castle	**152**	**Dd10**		www.castles.org/Chatelaine/ARDVRECK.HTM
Argyllshire Gathering	**154**	**Db16**		www.obangames.com
Arran	**154**	**Db19**	144	www.visitarran.net
Ayr	**154**	**Dd19**	137	www.ayr-racecourse.co.uk
Balfour	**151**	**Ec08**		www.balfourcastle.com
Ballencrieff Castle	**155**	**Ec18**		www.scottscastles.com/ballencrieff.html
Balmoral Castle	**153**	**Eb14**	94	www.balmoralcastle.com
Banff	**153**	**Ec12**	87	www.banff-macduff.com
Barra	**152**	**Cc14**		www.isleofbarra.com
			32, 35, 107	www.scotland-info.co.uk/barra.htm
Bass Rock	**155**	**Ec17**		www.north-berwick.co.uk/bassRock.asp
Beauly Priory	**153**	**Dd13**	144	www.darkisle.com/b/beuly/beuly.html
Beinn Alligin			63	www.undiscoveredscotland.co.uk
Beinn Eighe Nature Reserve			63	www.nnr-scotland.org.uk/reserve.asp?NNRId=15
Benediktinerkloster	**154**	**Da16**	45	www.iona.org.uk/abbey
auf der Insel Iona				www.isle-of-iona.com/abbey.htm
Ben More Coigach			50	
Ben More (Isle of Mull)	**154**	**Db16**	43	
Ben Nevis	**152**	**Dc15**	146	www.undiscoveredscotland.co.uk/fortwilliam/bennevis
Berneray	**152**	**Cc14**	32	www.isleofberneray.com
Berwick-upon-Tweed	**155**	**Ed19**		www.berwick-upon-tweed.gov.uk
Biggar	**155**	**Eb19**		www.undiscoveredscotland.co.uk/biggar/biggar
Black Isle	**153**	**Ea12**		www.black-isle.info
Black House Museum	**152**	**Da09**		www.undiscoveredscotland.co.uk/lewis/blackhousemuseum
Blackness Castle	**155**	**Eb18**		www.undiscoveredscotland.co.uk/blackness/blacknesscastle
Blair Castle	**153**	**Ea15**	94	www.blair-castle.co.uk
Blairquhan Castle	**154**	**Dd20**		www.blairquhan.co.uk
Bowmore, Round Church	**154**	**Da18**		www.theroundchurch.org.uk
Braemar	**153**	**Eb14**		www.braemarscotland.co.uk
			75, 94	www.braemarcastle.co.uk
Braemar Gathering	**153**	**Eb14**		www.braemargathering.org
Broch of Gurness	**151**	**Ec07**	12	www.orkneyjar.com/history/brochs/gurness
Brodick	**154**	**Dc19**		www.undiscoveredscotland.co.uk/arran/brodick
Brodick Castle	**154**	**Dc19**		www.undiscoveredscotland.co.uk/arran/brodickcastle
Brodie Castle	**153**	**Eb12**		www.castles.org/Chatelaine/BRODIE.HTM
Brough Head, Isle of	**151**	**Eb07**	18	
Brough of Birsay, Isle of			18	www.undiscoveredscotland.co.uk/westmainland/broughofbirsay
Buachaille Etive Mór			148	www.summitpost.org/show/mountain_link.pl/mountain_id/1019
Bunessan	**154**	**Da16**	42	www.bunessan.bordernet.co.uk
Burns National	**154**	**Dd19**		www.burnsheritagepark.com
Heritage Park				
Butt of Lewis	**152**	**Db09**	28	www.nlb.org.uk/ourlights/history/buttoflewis.htm
Caerlaverock Castle	**155**	**Ea21**	138	www.undiscoveredscotland.co.uk/dumfries/caerlaverock
				www.aboutscotland.com/caer/caer.html
Cairngorms N.P.	**153**	**Ea14**	73	www.cairngorms.co.uk
Cairnholy	**154**	**Dd21**		www.megalithic.co.uk/article.php?sid=517
Caledonian Canal			71	www.scottishcanals.co.uk
Caledonian Railway	**153**	**Ec15**		www.caledonianrailway.co.uk
Callander	**154**	**Dd17**		www.incallander.co.uk
Callanish	**152**	**Da10**	31	www.scotland-info.co.uk/c-nish.htm
Cannich	**153**	**Dd13**	85	www.undiscoveredscotland.co.uk/cannich/cannich/index.html
Cape Wrath	**152**	**Dd09**	49	www.m-j-s.net/photo/scot1994/1994-01-21090000.html
Carloway Broch	**152**	**Da10**		www.undiscoveredscotland.co.uk/lewis/duncarloway
Castlebay	**152**	**Cc14**	32	www.castlebay.net
Castle Campbell	**155**	**Ea17**		www.undiscoveredscotland.co.uk/dollar/castlecampbell
Castle Fraser	**153**	**Ed14**		www.nts.org.uk
Castle Kennedy Gardens	**154**	**Dc21**		https://vault2.secured-url.com/stair/ckg
Castle Menzies	**155**	**Ea16**		www.menzies.org
Castle Moil	**152**	**Db13**		www.ealaghol.co.uk/pictures/castlemoil
Castle of Mey	**153**	**Eb09**		www.castleofmey.org.uk
Castle of Old Wick	**153**	**Ec10**		www.caithness.org/caithness/castles/oldwick
Castle Venlaw	**155**	**Eb19**		www.venlaw.co.uk
Cawdor Castle	**153**	**Ea13**		www.cawdorcastle.com
Clan Donald Centre	**152**	**Db14**		www.highlandconnection.org/clandonaldcentre.htm
Clo Mor Cliffs	**153**	**Dd09**	49	www.capewrath.org.uk/Introduction.htm
Clyde Auditorium			128	www.qd2.co.uk
Clyde-Tal	**154**	**Ea19**	129f.	www.clyde-valley.com
Colbost	**152**	**Da12**		
Coll	**152**	**Da15**	107	www.scotland-inverness.co.uk/coll.htm
Colonsay House	**154**	**Da17**		www.colonsay.org.uk
Comlongon Castle	**155**	**Eb21**		www.comlongon.com
Corgarff Castle	**153**	**Eb14**		www.undiscoveredscotland.co.uk/strathdon/corgarffcastle
Corrieshalloch Gorge	**152**	**Dc12**		www.ullapool.co.uk/gorge.html
Corryvreckan Whirlpool	**154**	**Db17**		www.gemini-crinan.co.uk/corryvreckan.html
Cowal Gathering	**154**	**Dc18**		www.cowalgathering.com
Craigievar Castle	**153**	**Ec14**	95	www.nts.org.uk
Craignethan Castle	**154**	**Ea19**		www.marie-stuart.co.uk/Castles/Craignethan.htm
Crail	**155**	**Ec17**	100	www.undiscoveredscotland.co.uk/crail/crail
Crarae Garden	**154**	**Dc17**		www.aboutbritain.com/CraraeGardens.htm
Crathes Castle	**153**	**Ed14**		www.castlexplorer.co.uk/scotland/crathes/crathes.php
Crichton Castle	**155**	**Eb18**		www.aboutscotland.com/crichton/castle.html
Crieff	**155**	**Ea16**		www.crieffhydro.com
Crinan Canal	**154**	**Db17**		www.undiscoveredscotland.co.uk/crinan/crinancanal
Cromarty	**153**	**Ea12**		www.black-isle.info/Cromarty
Crovie			76, 87	www.undiscoveredscotland.co.uk
Cuillin Hills	**152**	**Da13**	39	www.ealaghol.co.uk/pictures/elglcuil
Culloden Battlefield	**153**	**Ea13**	81	www.culloden.org
Cul More			50	
Culross	**155**	**Eb18**	101	www.culross.org
Culzean Castle	**154**	**Dc20**	137	www.culzeancastle.net
Dervaig	**152**	**Da15**	43	www.undiscoveredscotland.co.uk/mull/dervaig/index.html
Discovery, R.R.S.	**155**	**Ec16**		www.rrsdiscovery.com
Dornoch	**153**	**Ea11**	46	www.dornoch.org.uk
Dornoch Castle	**153**	**Ea11**		www.dornochcastlehotel.com
Doune	**154**	**Ea17**		www.undiscoveredscotland.co.uk/doune/dounecastle
Drum Castle	**153**	**Ed14**	95	www.drum-castle.org.uk
Drumlanrig Castle	**154**	**Ea20**	138	www.buccleuch.com
Drummond Castle Gardens	**155**	**Ea17**		www.drummondcastlegardens.co.uk
Drumnadrochit	**153**	**Dd13**		www.drumnadrochit.co.uk
Dryburgh Abbey	**155**	**Ec19**	142	www.undiscoveredscotland.co.uk/stboswells/dryburghabbey
Duart Castle	**154**	**Db16**		www.duartcastle.com
Duff House	**153**	**Ec12**		www.duffhouse.com
Dufftown	**153**	**Eb13**	90	www.dufftown.co.uk
Dumbarton	**154**	**Dd18**		www.undiscoveredscotland.co.uk/dumbarton/dumbartoncastle
Dumfries	**155**	**Ea21**	139f.	www.visitdumfriesandgalloway.co.uk
Dunbar	**155**	**Ec18**	135	www.dunbar.org.uk
Dunbeath Estate	**153**	**Eb10**		www.dunbeath-heritage.org.uk
Dunblane	**154**	**Ea17**	96	www.dunblaneweb.co.uk
Duncansby Head	**153**	**Ec09**	48	www.undiscoveredscotland.co.uk/johnogroats/duncansbyhead
Duncansby Stacks			48	www.undiscoveredscotland.co.uk/johnogroats/duncansbyhead
Dundee, County of	**155**	**Ec16**	97f.	
Dunfermline Abbey	**155**	**Eb17**		www.dunfermlineabbey.co.uk
Dunkeld	**155**	**Eb16**		www.visitdunkeld.com
Dunnet Head	**153**	**Eb09**		www.undiscoveredscotland.co.uk/dunnet/dunnethead
Dunnottar Castle	**153**	**Ed15**	89	www.castles.org/Chatelaine/dunnottar
Dunrobin Castle	**153**	**Ea11**	79	www.highlandescape.com/index.html
Dunsgaith Castle	**152**	**Db14**		www.clett.com/handmyth.htm dunsgaithcastle
Duntulm Castle	**152**	**Da12**		www.isleofskye.highlandconnection.org
Dunure	**154**	**Dc20**		www.maybole.org/community/dunure/dunure.htm
Dunvegan	**152**	**Da12**		
Dunvegan Castle	**152**	**Da12**		www.dunvegancastle.com
				www.castles.org/Chatelaine/DUNVEGAN.HTM
				www.caledoniancastles.co.uk/castles/highlands/dunvegan.htm
Dunvegan Head	**152**	**Da12**		
Durness	**153**	**Dd09**		www.durness.org/page%201.htm
Earthquake House	**154**	**Ea16**		www.strathearn.com/pl/earthquake.htm
Eas a Chual Aluinn	**152**	**Dd10**		www.barbersasa.co.uk/scotland/assynt/eca_fall.htm
Eaval	**152**	**Cd12**		
Edinburgh	**155**	**Eb18**		http://heritage.edinburgh.gov.uk
			96, 101, 115f., 122	www.edinburgh.org
Edinburgh Castle	**155**	**Eb18**	117f.	www.edinburghcastle.biz
Edzell Castle	**153**	**Ec15**		www.undiscoveredscotland.co.uk/edzell/edzellcastle
Eilean Donan Castle	**152**	**Dc13**	57	www.eileandonancastle.com
Elcho Castle	**155**	**Eb16**		www.undiscoveredscotland.co.uk/perth/elchocastle
Elgin	**153**	**Eb12**		www.elginscotland.org
Elgin Cathedral	**153**	**Eb12**		www.undiscoveredscotland.co.uk/elgin/cathedral
Elgol	**152**	**Db14**	36	www.isleofskye.net/strath/elgol
Elidon Hills			134	
Elie			100	www.elie.co.uk
Eriskay	**152**	**Cd14**		
Esha Ness	**150**	**Fa03**	20	
Fair Isle	**150**	**Fb06**		www.fairisle.org.uk
Falls of Dochart	**154**	**Dd16**		www.undiscoveredscotland.co.uk/killin/killin
Falls of Measach	**152**	**Dc12**		www.ullapool.co.uk/gorge.html
Fanagmore	**152**	**Dc09**		www.undiscoveredscotland.co.uk/scourie/fanagmore
Fasque House	**153**	**Ec15**		
Fettercairn	**153**	**Ec15**		www.undiscoveredscotland.co.uk
				www.scotchwhisky.net/distilleries/fettercairn.htm
Findhorn	**153**	**Eb12**		www.findhornbay.net
Fingal's Cave	**154**	**Da16**	41	www.fingals-cave-staffa.co.uk
Firth of Clyde	**154**	**Dc18**	129	
Firth of Forth	**155**	**Eb18**		
			97, 101, 115, 125	
Firth of Tay	**155**	**Eb16**	97	
Floors Castle	**155**	**Ec19**		www.floorscastle.com

156 **Schottland**

Oben von links: Standing Stones of Callanish, »Old Man of Hoy« auf der Insel Hoy, Inverpolly Nature Reserve, Eileen Donan Castle. Unten: Bishops Bay am Loch Leven in den Highlands – auch eine literarische Inspiration für den »Ivanhoe«-Autor Sir Walter Scott (1771 – 1832).

Fort Augustus	152 Dd14	70	www.fortaugustus.org
Fort Charlotte	150 Fb04		www.undiscoveredscotland.co.uk/shetland/fortcharlotte
Fort George	153 Ea12		www.historic-scotland.gov.uk
Forth Rail Bridge	155 Eb18	125	www.undiscoveredscotland.co.uk/queensferry/forthrailbridge
Fort William	152 Dc15		www.visit-fortwilliam.co.uk
		67, 71	
Foula	150 Ed04		
Fraserburgh	153 Ed12		www.lighthousemuseum.co.uk
Fyvie Castle	153 Ed13		www.scottscastles.com/fyvie.html

Gairloch Heritage Museum 152 Db12 www.gairlochheritagemuseum.org.uk
www.undiscoveredscotland.co.uk/melvaig/melvaig
Gallery of Modern Art 154 Dd18 130 www.glasgowmuseums.com/venue/index.cfm?venueid=3
Galloway 139 www.visitdumfriesandgalloway.co.uk
Galloway Forest Park 154 Dd20 www.forestry.gov.uk/gallowayforestpark
Garynahine 152 Da10 28
Gasworks Museum 155 Eb19 www.geo.ed.ac.uk/scotgaz/features/featurefirst236.html
Gigha Island 154 Db18 136 www.gigha.org.uk
Girvan 154 Dc20 114 www.girvanvisitorcentre.co.uk
Glamis Castle 155 Ec16 99 www.glamis-castle.co.uk
Glasgow 154 Dd18 129f. www.glasgow.gov.uk
Glasgow School of Art 154 Dd18 www.gsa.ac.uk
  130, 132
Glen Affric 85 www.glenaffric.org
Glenbarr Abbey 154 Db19 www.highlandconnection.org/clanmacalistercenter.html
Glen Cannich 85 www.thehighlands.com/guides/glen_cannich.html
Glencoe 152 Dc15 148 www.undiscoveredscotland.co.uk/glencoe/glencoe
Glencoe Mountain Resort 152 Dd15 www.glencoemountain.com
Glencoe Visitor Centre 152 Dc15 76 www.undiscoveredscotland.co.uk/glencoe/visitorcentre
Glenfiddich Distillery 153 Eb13 www.glenfiddich.co.uk/splash.html?nextpage=
Glenfinnan 152 Dc15 www.visitglenfinnan.co.uk
Glenfinnan Monument 152 Dc15 67 www.visitglenfinnan.co.uk
Glenfinnan Viadukt 152 Dc15 66 www.visitglenfinnan.co.uk
Glengarry Castle 152 Dd14 www.glengarry.net/index.php
Glengorm Castle 152 Da15 www.glengormcastle.co.uk
Glenluce Abbey 154 Dc21 www.historic-scotland.gov.uk
Glenrothes 155 Eb17 101 www.glenrothes.co.uk
Glen Shiel 57 www.undiscoveredscotland.co.uk/glenshiel/southglenshiel
Glen Strathglass 85
Glen Torridon 62 www.torridon-mountains.com
Glen Trool Visitor Center 154 Dd21 www.7stanes.gov.uk/website/recreation.nsf
Glen Urquhart 85
Goatfell 154 Dc19 www.nts.org.uk/web/site/home/visit/places
Golspie 153 Ea11 79 www.undiscoveredscotland.co.uk/golspie/golspie
Grampian Mountains 153 Ea15
  2, 73, 93, 107
Great Glen 69, 73 www.greatglenway.com
Gretna Green 139 www.gretnaweddings.com
Grey Cairns 153 Eb10 www.caithness.org
Grey Mare's Tail 155 Eb20 www.aboutscotland.com/water/gmt.html
Gullan 155 Ec18

Haddington 155 Ec18 www.haddingtonhouse.org
Haddo House 153 Ed13 www.nts.org.uk
Hadrian's Wall 155 Ed21 www.hadrians-wall.org
Handa Island 152 Dc10 www.mackaycountry.com/Handa%20Island.htm
Harris 152 Da11
  28f., 35 www.scotland-inverness.co.uk/harris.htm
Hebriden 8f., 28f. www.visithebrides.com
Hebriden, Äußere 152 Cc14 www.visithebrides.com
  = Outer Hebrides 28f., 107
Hebriden, Innere 154 Da17 36f. www.visithebrides.com
  = Inner Hebrides
Helmsdale 153 Eb11 www.timespan.org.uk
Herma Ness 150 Fb02 24 www.nature.shetland.co.uk/snh/hermaness.htm
Highlands 152 Dc13 46f. www.visithighlands.com
Highland Wildlife Park 153 Ea14 www.highlandwildlifepark.org
Hill House 154 Dd18 132 www.rampantscotland.com/visit/blvisithillhouse.htm
Horgabost 28
Hoy 151 Eb08 16f. www.undiscoveredscotland.co.uk/hoy/hoy
Hunterian Art Gallery 154 Dd18 132 www.hunterian.gla.ac.uk
Huntly Castle 153 Ec13 www.undiscoveredscotland.co.uk/huntly/huntlycastle

Inchnadamph 152 Dd10 www.assynt.info
Inchree 152 Dc15
Inveraray 154 Dc17 111 www.inveraray-argyll.com
Inveraray Castle 154 Dc17 111 www.inveraray-castle.com
Inverewe Gardens 152 Dc12 61 www.undiscoveredscotland.co.uk/poolewe/inverewe
Inverlochy Castle 152 Dc15 www.undiscoveredscotland.co.uk
Inverness 153 Ea13 www.inverness-scotland.com
  71, 81f. www.castles.org/Chatelaine/INVERNES.HTM
Inverness Castle 153 Ea13 81 www.castles.org/Chatelaine/INVERNES.HTM
Inverpolly Nature Reserve 51 www.inverpolly.com
Iona 154 Da16 www.isle-of-iona.com
  43, 107

Iona Abbey	154 Da16	45	www.iona.org.uk/abbey
Islay	154 Da18		www.visit-islay.com
Isle of Lewis	152 Da09		www.isle-of-lewis.com
		28f., 35	
Isle of May	155 Ec17		www.isleofmayferry.com
Isle of Mull	154 Da16		www.isle.of.mull.com
		42, 107	www.holidaymull.org/mullindx.html
Isle of Whithorn	154 Dd22		www.isleofwhithorn.com

Jarlshof 150 Fb05 26 www.shetland-museum.org.uk
Jedburgh Abbey 155 Ec20 142 www.jedburgh-online.org.uk

Kelburn Castle 154 Dc18 www.kelburncastle.com
Kelso 155 Ec19 www.kelso-online.co.uk
Kerrara 154 Db16 107
Kilchattan 154 Dc18 www.kilchattan-bay.co.uk
Kilchurn Castle 154 Dc16 108 www.undiscoveredscotland.co.uk/lochawe/kilchurncastle
Kildalton Cross 154 Da18 www.m-j-s.net/photo/scot1995/1995-01-22050200.html
Kildrummy Castle 153 Ec14 95 www.undiscoveredscotland.co.uk/strathdon/kildrummycastle
Killin 154 Dd16 www.killin.info
Kilmartin House 154 Db17 www.kilmartin.org
Kingdom of Fife 155 Eb17 www.standrews.co.uk
  97f., 101
King's College Chapel 153 Ed14 92 www.kings.cam.ac.uk/chapel
Kinkell Church 153 Ed14
Kinlochbervie 152 Dd09 49 www.kinlochbervie.org

Schottland 157

Kinloch Castle	152 Da14	www.kcfa.org.uk	
Kintra	154 Da18		
Kirkcaldy	155 Eb17 101		
Kirkcudbright	154 Dd22	www.kirkcudbright.co.uk	
Kirkmadrine Stones	154 Dc22	www.mull-of-galloway.co.uk/attractions/kirkmadrine_stones.html	
Kirk of Saint Nicholas	153 Ed14	www.stnicholscenter.org/Brix?pageID=408&category_sakey=153	
Kirkwall	151 Ec08 10	www.orkneyjar.com/orkney/kirkwall	
Kirriemuir	153 Ec15	www.angusanddundee.co.uk/alpha/area/angusg.htm	
Kirstan's Hole	150 Fa03	www.papastour.shetland.co.uk/papastour.html	
		www.users.zetnet.co.uk/papa-stour-sac/reefscaves.html	
Kisimul Castle	152 Cc14	www.undiscoveredscotland.co.uk/barra/kisimulcastle/index.html	
Knockhan Cliff	51		
Kyle of Lochalsh	152 Db13 37	www.undiscoveredscotland.co.uk/kyleoflochalsh/kyleoflochalsh	
Lairg	153 Ea11	www.lairghighlands.org.uk/flashindex1024x768.htm	
	6, 144		
Lanarkshire	155 Ea19 131	www.southlanarkshire.gov.uk	
Largs	154 Dc18	www.largs.org	
Lead Hills	129	www.undiscoveredscotland.co.uk/leadhills/leadhills	
Leith Hall	153 Ec13	www.nts.org.uk/web/site/home/visit/places	
Lennoxlove House	126	www.lennoxlove.org	
Lerwick	150 Fb04 22	www.shetland.gov.uk	
Lews Castle	152 Da10	www.lews-castle.com	
Liathach	63	www.ben-nevis.co.uk/no1.htm	
Linlithgow	155 Ea18	www.linlithgow.com	
Linlithgow Palace	155 Ea18 126	www.undiscoveredscotland.co.uk/linlithgow/linlithgowpalace	
Lismore Island	154 Db16 104	http://web.ukonline.co.uk/tom.paterson/lismore.htm	
Loch Affric	84		
Loch an Eilein Castle	153 Ea14	www.rothiemurchus.net	
Loch Assynt	152 Dd10 52		
Loch Awe	154 Dc17 108		
Loch Beinn a'Mheadhoin	84		
Loch Broom	152 Dc11 52		
Loch Clair	62		
Loch Duich	152 Dc13 56		
Loch Ewe	152 Dc11 61		
Loch Fyne	154 Db18 111		
Loch Linnhe	152 Dc15		
	71, 104, 109		
Loch Lochy	152 Dc14 71		
Loch Lomond	154 Dd17	www.lochlomond-trossachs.org	
		www.visit-lochlomond.com	
Loch Lomond and The Trossachs N.P.	154 Dd17	www.lochlomond-trossachs.org	
Loch Lurgainn	152 Dc11 50		
Loch Maree	152 Dc12 61	www.treasuresofbritain.org/LochMaree.htm	
Loch Morlich	153 Ea14 73		
Loch Muick	153 Eb15	www.agtb.org/victoriantrail3.htm	
Loch Ness	153 Dd13	www.lochness.co.uk	
	68, 71	www.nessie.co.uk	
Loch Olch	71		
Loch Rannoch	152 Dd15		
	76, 80		
Lochranza	154 Dc18	www.undiscoveredscotland.co.uk/arran/lochranza	
Loch Sealg	29		
Loch Shiel	152 Db15 67		
Loch Shieldaig	63		
Logan Botanic Gardens	154 Dc22	www.rbge.org.uk/rbge/web/visiting/lbg.jsp	
Lothians	155 Eb18	www.scottish-enterprise.com/edinburghandlothian	
	115f., 125		
Lowlands	143		
Macduff	153 Ed12 87	www.banff-macduff.com	
Machrie Moor	154 Db19	www.celticemporium.co.uk/machrie.htm	
Machrihanish	154 Db19	www.machrihanish.net	
Macintosh House (Glasgow)	154 Dd18 132		
Maclellan's Castle	154 Dd22	www.undiscoveredscotland.co.uk	
Macleod's Tables	152 Da13	www.isleofskye.com/tour/dunvegan	
Maes Howe	151 Ec08 14	www.maeshowe.co.uk	
Mainland (Orkney-Inseln)	151 Eb08	www.visitorkney.com	
	10f., 19		
Mainland (Shetland-Inseln)	150 Fb04 20	www.visitshetland.com	
Mallaig	152 Db14 67	www.scotland-inverness.co.uk/mallaig.htm	
Manderston House	155 Eb18	www.manderston.co.uk	
Marischal College (Aberdeen)	153 Ed14 92	www.abdn.ac.uk/central/vcampus/marischal	
Marwick Head	151 Eb07	www.visitorkney.com/home.html	
McCaig's Tower	154 Db16 106	www.oban.org.uk/attractions/obanlogo.html	
Melrose	155 Ec19 140	www.melrose.bordernet.co.uk	
Melrose Abbey	155 Ec19	www.undiscoveredscotland.co.uk/melrose/melroseabbey	
	138, 142	www.aboutscotland.com/mel.html	
Menstrie Castle	154 Ea17	www.menstriecastle.com	
Millport	154 Dc18	www.millport.org	
Mingary Castle	152 Da15	www.highlandconnection.org/castles/mingarrycastle.html	
Moffat	155 Eb20	www.visitmoffat.co.uk	
Montrose	153 Ec15	www.montrose.org	
Moray Firth	153 Ea12 71		
Mousa Broch	150 Fb04	www.sumburgh.shetland.co.uk/shetland/south/mousa/006.html	
		www.shetland-museum.org.uk/collections/archaeology	
Muckle Flugga	150 Fb02	www.nlb.org.uk/ourlights/history/muckle.htm	
Mull Little Theatre	152 Da15	www.mulltheatre.com	
Mull of Kintyre	154 Db19	www.kintyre.org/mull-of-kintyre-guide.html	
Muness Castle	150 Fb02 25	www.undiscoveredscotland.co.uk/unst/uyeasound	
Musselburgh	155 Eb18	www.musselburgh-racecourse.co.uk/home.asp	
Myres Castle	155 Eb17	www.celticcastles.com/castles/myres	
Nairn	153 Ea12	www.nairnscotland.co.uk	
Neidpath Castle	155 Eb19	www.peebles.info/index.cfm?page=places&key=1	
Neist Point	152 Da12	www.skye-lighthouse.com	
Neptune's Staircase	152 Dc15	www.undiscoveredscotland.co.uk/inverness/caledoniancanal	
Newark Castle	154 Dd18 131	www.undiscoveredscotland.co.uk	
New Lanark	155 Ea19	www.newlanark.org	
Noltland Castle	151 Ec07	www.undiscoveredscotland.co.uk/westray/noltlandcastle	
North Uist	152 Cd12	www.undiscoveredscotland.co.uk/northuist/northuist	
	32, 35	www.scotland-inverness.co.uk/north-uist.htm	
North Berwick	155 Ec18 135	www.north-berwick.co.uk/index.asp	
North Queensferry	125	www.undiscoveredscotland.co.uk/queensferry/northqueensferry	
Oban	154 Db16	www.oban.org.uk	
	43, 104, 107	www.undiscoveredscotland.co.uk/oban/oban	
Old Man of Hoy	151 Eb08 17	www.scottishgeology.com	
Old Man of Storr	39	www.m-j-s.net/photo/scot1995/1995-01-22071000.html	
Orkney-Inseln	151 Eb08	www.visitorkney.com	
	8f., 19	www.orkneyjar.com	
Ormacleit Castle	152 Cc13	www.castles.org/Chatelaine/ORMACLET.HTM	
Pass of Brander	154 Dc16	www.loch-awe.com/tour5.htm	
Pass of Leny	154 Dd17		
Pennan	86	www.undiscoveredscotland.co.uk/pennan/pennan	
Pentland Hills	155 Eb18 115	www.edinburgh.gov.uk/phrp	
People's Palace (Glasgow)	154 Dd18 130	www.glasgowmuseums.com/venue/index.cfm?venueid=9	
Perth	155 Eb16	www.perthshire.co.uk	
Perthshire	97f.	www.perthshire.co.uk	
Pitfichie Castle	153 Ec14	www.scottishcastles-info.co.uk/pitfichie	
Pitlochry	153 Ea15 94	www.undiscoveredscotland.co.uk/pitlochry/pitlochry	
Pitmedden	153 Ed13	www.nts.org.uk	
Pittenweem	100	www.undiscoveredscotland.co.uk/pittenweem/pittenweem	
Pollock Country Park (Glasgow)	154 Dd18 130	www.glasgowguide.co.uk/ta_pollok.html	
Port Glasgow	154 Dd18 131	www.portglasgowonline.com	
Portree	152 Da13 36	www.undiscoveredscotland.co.uk/skye/portree	
Provost Skene's House	153 Ed14	www.aagm.co.uk	
Queen Elizabeth Forest Park	154 Dd17	www.forestry.gov.uk/qefp	
Queen's View	153 Ec14		
Quiraing-Massiv	38		
Rackwick	16	www.rackwick-orkney.com	
Rannoch Moor	76	www.undiscoveredscotland.co.uk/rannoch/rannochmoor	
Ring of Brodgar	151 Ec08 8, 19	www.orkneyjar.com/history/brodgar	
River Affric	85		
River Clyde	155 Ea19 129		
River Dee	153 Ec14 93		
River Deveron	87		
River Don	153 Eb14 93		
River Spey	153 Eb13 113		
River Tay	155 Eb16 113		
River Tweed	155 Eb19		
	113, 137, 143		
Road to the Isles	152 Db14	www.road-to-the-isles.org.uk	
Rosslyn Chapel	121	www.edinburgh.gov.uk/libraries/historysphere/roslin/roslin.html	
Rothesay	154 Dc18	www.undiscoveredscotland.co.uk/bute/rothesaycastle	
Rubha Réidh	152 Db11	www.nlb.org.uk/ourlights/history/rubhre.htm	
Ruthven Barracks	153 Ea14	www.newtonmore.com/history/ruthven.htm	
Saint Abbs	155 Ed18	www.stabbs.com	
Saint Andrews	155 Ec17 103	www.undiscoveredscotland.co.uk/standrews/cathedral	
Saint Andrews	155 Ec17	www.standrews.co.uk	
Saint Clement's Church	152 Cd11 28	www.geograph.co.uk/photo/3002	
Saint Cyrus	153 Ed15		
Saint Duthus's Chapel	153 Ea12	www.geo.ed.ac.uk/scotgaz/people/famousfirst1211.html	
		www.undiscoveredscotland.co.uk/tain/tain	
Saint John's Head (Hoy)	17		
Saint Kilda	39, 145	www.kilda.org.uk	
Saint Magnus Cathedral	151 Ec08 11	http://sites.scran.ac.uk/stmagnus	
		www.orkneyjar.com/history/stmagnus/magcath.htm	
		www.orkney.org/tradition/magcath.htm	
Saint Martin's Cross (Iona)	45		

158　Schottland

Oben von links: Iona Abby, Oban, Isle of Skye, Kilchurn Castle, Standing Stones of Stenness, Felsküste auf Unst (Shetland-Inseln). Unten: ein »Rosenbaum« (Rhododendron) im Garten des Abbotsford House, in dem Sir Walter Scott wohnte.

Eintrag	Seite/Karte	Web
Saint Mary (Iona)	44	
Saint Mungo	154 Dd18 130	http://thecapitalscot.com/reform/6mungo.html
Saint Ninian's Isle	150 Fb04	http://web.telia.com
Sandwood Bay	152 Dd09 49	www.undiscoveredscotland.co.uk/kinlochbervie/sandwoodbay
Scalloway	150 Fb04 20	www.undiscoveredscotland.co.uk/shetland/scalloway
Scapa Flow	151 Ec08	www.scapaflow.co.uk
Scone Palace	155 Eb16	www.scone-palace.net
Sconser	152 Db13	www.isleofskyegolfclub.co.uk
Scottish Fisheries Museum	155 Ec17	www.scotfishmuseum.org
Sgurr a'Chaorachain	152 Dc13	www.munromagic.com/MountainInfo.cfm/78
Shetland-Inseln	150 Fa04	
	8f., 20f., 24f.	www.visitshetland.com
Shin Falls	153 Dd11	www.fallsofshin.co.uk
		www.northernsights.net/shin-falls-fs.html
Skara Brae	151 Eb08 13	www.historic-scotland.gov.uk/prop_map?showmap=orkney
Skelbo Castle	153 Ea11	www.darkisle.com/s/skelbo/skelbo.html
Ski Area Cairngorm Mountains	153 Eb14	www.cairngormmountain.com
		www.skicairngorm.com
Ski Area Nevis Range	152 Dc15	www.nevis-range.co.uk
Skibo Castle	153 Ea11	www.carnegieclub.co.uk
Skipness Castle	154 Db18	www.ccsna.org/castles/skipness.html
Skye	152 Da13	www.skye.co.uk
	36f., 39	www.scotland-inverness.co.uk/skye.htm
Skye Museum of Island Life	152 Da12	www.skyemuseum.co.uk
Slains Castle	153 Ed14 2	www.undiscoveredscotland.co.uk/crudenbay/slainscastle
Smoo Cave	153 Dd09	www.smoocave.org
Soay	152 Da14 145	
Sound of Mull	154 Db16 104	
Sound of Taransay	29	
Southern Uplands	135f.	
South Queensferry	125	www.undiscoveredscotland.co.uk/queensferry/southqueensferry
South Ronaldsay	151 Ec08	www.orkneyjar.com
South Uist	152 Cd13	www.south-uist.com
	32, 35, 107	www.undiscoveredscotland.co.uk/southuist/southuist
Stac Polly	50	
Staffa	154 Da16	www.holidaymull.org/staffa.html
	40, 107	www.fingals-cave-staffa.co.uk/staffa.asp
Stalker Castle	154 Dc16 109	www.castlestalker.com
		www.castles.org/Chatelaine/STALKER.HTM
Stirling	154 Ea17 55	www.stirling.co.uk
Stirling Castle	154 Ea17	www.undiscoveredscotland.co.uk/stirling/stirlingcastle
	55, 104	www.historic-scotland.gov.uk
Stonehaven	153 Ed15 89	www.undiscoveredscotland.co.uk/stonehaven/stonehaven
Stones of Stenness	151 Ec08 19	www.orkneyjar.com/history/standingstones
Stornoway	152 Da10 28	www.isle-of-lewis.com/stornoway_lewis/index.html
Strathpeffer	153 Dd12	www.strathpefferpavilion.org
Strathy Point	153 Ea09	www.nlb.org.uk/ourlights/history/strathy.htm
Strome Castle	152 Db13	www.aboutscotland.com/tour/strome/castle.html
Sueno's Stone	153 Eb12	www.electricscotland.com/stones/sueno.htm
Sullom Voe	150 Fb03	http://content.shetland.gov.uk/ports
Sullven	50	
Sumburgh Head	150 Fb05	www.undiscoveredscotland.co.uk/shetland/sumburgh
Summer Isles	152 Dc11	www.summer-isles.com
Sweetheart Abbey	155 Ea21 138	www.undiscoveredscotland.co.uk/newabbey/sweetheartabbey
Talisker	152 Da13	
Tantallon Castle	155 Ec18	www.undiscoveredscotland.co.uk/northberwick/tantalloncastle
Tarbert	152 Da11	www.undiscoveredscotland.co.uk/harris/tarbert
Tarbert	154 Db18	www.tarbert.info
Taymouth Castle	154 Ea16	www.breadalbane.com/places/castle.htm
Tay Railway Bridge	155 Eb16	
The Hydroponicum	152 Dc11	www.thehydroponicum.com
The Borders	135, 143	www.discovertheborders.co.uk
The Gloup	151 Ec08	www.undiscoveredscotland.co.uk/eastmainland/broughofdeerness
The Kame	150 Ed04	
The Trosssachs	154 Dd17	www.lochlomond-trossachs.org
Threave Castle	154 Ea21	www.undiscoveredscotland.co.uk/castledouglas/threavecastle
Tioram Castle	152 Db15	www.darkisle.com/t/tioram/tioram.html
Tiree	154 Da19 107	www.tiree.zetnet.co.uk/tiree.htm
Tiumpan Head	152 Db10	www.nlb.org.uk/ourlights/history/tiumpan.htm
Tobermory	152 Da15 42	www.tobermory.co.uk
Tolquhon Castle	153 Ed13	www.nts.org.uk/web/site/home/visit/places/Property.asp?
Tolsta	152 Db10	
Tomb of the Eagles	151 Ec09	www.tombofthecagles.co.uk
Torosay Castle	154 Db16 43	www.torosay.com
Torridon	63	www.torridon-mountains.com
Traquair House	155 Eb19 142	www.traquair.co.uk
Trotternish (Skye)	152 Da12	
	39, 146	www.trotternish.co.uk
Ullapool	152 Dc11	www.ullapool.com
	52, 66	www.ullapoolmuseum.co.uk
Unst	150 Fb02 24	www.undiscoveredscotland.co.uk/unst/unst
Upper Loch Torridon	63	
Urquhart Castle	153 Dd13	www.drumnadrochit.co.uk/thecastle.html
Victoria Falls	152 Dc12	www.b-mercer.demon.co.uk/poca.htm
Victorian Heritage Trail	153 Ec14	www.agtb.co.uk/victorianheritagetrail.htm
Wallace Monument	154 Ea17	www.nationalwallacemonument.com
Wanlockhead	155 Ea20	www.leadminingmuseum.co.uk
Ward Hill (Hoy)	16	www.scotland-photo-library.co.uk/photonet/hoy/22.html
Waterloo Monument	155 Ec19	www.discovertheborders.co.uk/places/133.html
Western Isles = Hebriden	29, 107	www.visithebrides.com
Whiskey Trail	153 Ec13	www.maltwhiskytrail.com
Whithorn Dig	154 Dd22	www.whithorn.com
Yesnaby, Cliffs of (Orkney-Inseln)	151 Eb08 8	www.fettes.com/orkney/yesnaby.htm

Schottland 159

Bildnachweis

Abkürzungen:
C = Corbis
ES = Erich Spiegelhalter
EW = Ernst Wrba
HK = Hartmut Krinitz
JM = Jörg Modrow
KHR = Karl-Heinz Raach
KJ = Karl Johaentges
L = Laif
MSK = Martin Schulte-Kellinghaus
P = Premium

Reihenfolge von oben links (ol) nach unten rechts (ur)

Titel Look/Wothe; 2/3 KHR; 4/5 HK; 6/7 Hackenberg; 7.1 KJ, 7.2 L/HK, 7.3 MSK, 7.4 EW, 7.5 ES, 7.6 L/HK, 7.7 HK, 7.8 Look/Wohner, 7.9 P; 8 L/HK; 8/9 KJ; 10 MSK; 10/11 L/Harscher; 11 L/HK; 12 ol L/HK, 12 or HK; 12/13 L/HK; 14 ol L/JM, 14 or HK; 14/15 EW; 16 HK; 16/17 L/HK; 17 ul L/HK, 17 ur MSK; 18 ol L/HK, 18 or L/HK; 18/19 L/JM; 19 ul KHR, 19 um HK, 19 ur HK; 20 L/JM; 20/21 Look/KJ; 22 Look/KJ; 22/23 L/JM; 24 Look/KJ; 24/25 Look/Wothe; 26 C/Kaehler; 26/27 L/JM; 28 ol MSK, 28 om KHR, 28 or EW, 28 m 1. L/HK, 28 m 2. HK, 28 m 3. L/JM, 28 m 4. KHR, 28 ul EW, 28 ur HK; 28/29 MSK; 29 o ifa /Panstock, 29 m P/ImageState, 29 u ifa/Panstock; 30 ifa/Panstock; 30/31 P/Nägele; 32 ol EW, 32 or HK, 32 ml HK, 32 mr HK; 32/33 HK; 34 ol MSK, 34 om MSK, 34 or ES, 34 m MSK, 34 u HK; 35 o KHR, 35 u KHR; 36 ol KHR, 36 om MSK, 36 r KHR; 36/37 MSK; 37 L/JM; 38 o P/ImageState, 38 ol C/Papillo/Austin, 38 lm C/Benvie, 38 ul C/Benvie; 38/39 Look/Wohner; 40 ol MSK, 40 om ES, 40 or ES; 40/41 MSK; 41 ul L/HK, 41 um L/JM, 41 ur L/JM; 42 ol EW, 42 om EW, 42 or KHR, 42 ml ES; 42/43 L/JM; 44 om L/JM, 44 ml HK; 44/45 HK; 45 o HK, 45 u L/JM; 46 MSK; 46/47 L/HK; 48 om KHR, 48 ml C/Wild-Country; 48/49 HK; 50 HK; 50/51 o P/Mon Tresor/Woodfall, 50/51 u P/Images Colour; 52 ol Look/Wohner, 52 or L/JM, 52 ml C/Ergenbright; 52/53 EW; 54 om L/HK, 54 ml HK; 54/55 HK; 56 ES; 56/57 o P/ImageState, 56/57 u P; 58 ol L/HK, 58 om KHR, 58 or Look/KJ; 58/59 Look/Wohner; 59 ES; 60 o P/ImageState, 60 l 1. Look/Pompe, 60 l 2. MSK, 60 l 3. MSK, 60 l 4. MSK, 60 l 5. MSK; 60/61 MSK; 62 ol MSK, 62 om MSK, 62 or L/HK; 62/63 o P/Images Colour, 62/63 u P/Images Colour; 64 o 1-4 ES; 64/65 HK; 65 Look/Pompe; 66 ol HK, 66 om MSK, 66 or HK, 66 ml HK, 66 mm Look/Wohner, 66 mr KHR; 66/67 HK; 68 L/HK; 68/69 KHR; 70 ol KHR, 70 om HK, 70 or ES, 70 u HK; 70/71 HK; 72 ol C/Antrobus, 72 or C/Antrobus; 72/73 Look/Wohner; 74 ol L/JM, 74 om HK, 74 or KHR, 74 l 1. L/KHR, 74 l 2. L/HK, 74 l 3. L/HK, 74 l 4. L/HK, 74 l 5. EW; 74/75 L/JM; 76 HK; 76/77 MSK; 78 o ES, 78 l 1. HK, 78 l 2. KHR, 78 l 3. L/HK, 78 l 4. HK, 78 l 5. L/HK; 78/79 HK; 80 ol HK, 80 or HK, 80 ml MSK; 80/81 HK; 82 ol HK, 82 or ES; 82/83 L/HK; 83 o L/HK, 83 u L/HK; 84 ol L/HK, 84 om L/HK, 84 or L/KHR; 84/85 L/HK; 86 ol MSK, 86 om MSK, 86 or L/HK, 86 ml EW, 86 mm EW, 86 mr HK; 86/87 HK; 88 ol P/Panoramic Images/Vladpans, 88 or P/ImageState, 88 u MSK; 88/89 Franz Marc Frei; 89 L/KHR; 90 ol MSK, 90 om ES, 90 or L/HK, 90 l 1. ES, 90 l 2. HK, 90 l 3. HK, 90 l 4. KHR, 90 l 5. HK; 90/91 KHR; 91 r 1. MSK, 91 r 2. MSK, 91 r 3. MSK, 91 r 4. HK, 91 r 5. HK; 92 ol HK, 92 om EW, 92 or HK; 92/93 L/HK; 94 ol C/Antrobus, 94 or C, 94 m KHR, 94 u KHR; 95 o KHR, 95 u ES; 96 P/Panoramic Images/Stimpson; 96/97 EW; 98 o C/Rastelli, 98 m ES, 98 u ES; 99 o ES, 99 u C/Rastelli; 100 ol HK, 100 om HK, 100 or HK; 100/101 HK; 102 ol L/HK, 102 om L/HK, 102 or L/HK, 102 m HK; 102/103 HK; 104 ifa/TravelPix; 104/105 ES; 106 ol HK, 106 or HK; 106/107 L/HK; 108 o P/StockImage/Ancelot; 108/109 o P/ImageState, 108/109 u P/Images Colour; 110 o KHR, 110 ul KHR, 110 ur KHR; 110/111 HK; 112 ol C/Wood, 112 o C/McDonald, 112 u C/Karnow; 112/113 C/Woolfitt; 114 L/JM; 114/115 L/HK; 116 ol EW, 116 om L/JM, 116 or EW, 116 ml KHR, 116 mr HK; 116/117 HK; 118 ol L/HK, 118 om L/JM, 118 or HK; 118/119 L/JM; 120 ol L/HK, 120 om HK, 120 or HK; 120/121 HK; 122 ol ES, 122 or L/JM, 122 m Look/Pompe, 122 u Look/Pompe; 122/123 m HK, 122/123 u KHR; 123 m L/HK, 123 u Look/Pompe; 124 HK; 124/125 KHR; 126 ol HK, 126 om L/HK, 126 or HK, 126 u HK; 126/127 Look/Wohner; 128 ES; 128/129 HK; 130 ol L/JM, 130 om EW, 130 or KHR, 130.1 Franz Marc Frei, 130.2 EW, 130.3 KHR, 130.4 L/HK, 130.5 HK, 130.6 EW, 130.7 HK; 131 lo H&D Zielske, 131 lm HK, 131 lu MSK, 131 r H&D Zielske; 132 ol HK, 132 om HK, 132 or HK, 132 l 1. HK, 132 l 2. HK, 132 l 3. KHR, 132 l 4. HK; 132/133 L/HK; 133 r 1. HK, 133 r 2. HK, 133 r 3. HK, 133 r 4. HK; 134 L/HK; 134/135 Look/Wohner; 136 ol L/HK, 136 om L/HK, 136 or L/HK, 136 ml L/JM, 136 mr KHR; 136/137 L/HK; 138 ol L/HK, 138 om L/HK, 138 or L/HK, 138 m HK; 138/139 EW; 140 ol HK, 140 om EW, 140 or HK, 140 u HK; 140/141 HK; 141 o HK, 141 u KHR; 142 ol HK, 142 om HK, 142 or HK, 142 ul HK, 142 ur L/HK; 142/143 L/JM; 144 HK; 144/145 EW; 145 ol HK, 145 or L/JM, 145 ul Look/KJ, 145 ur MSK; 146 H&D Zielske; 146/147 P; 148/149 P.

Impressum

© 2006 Verlag Wolfgang Kunth GmbH & Co KG, München
Innere Wiener Straße 13
81667 München
Telefon +49.89.45 80 20-0
Fax +49.89.45 80 20-21
www.kunth-verlag.de

© Kartografie: GeoGraphic Publishers GmbH & Co. KG
Geländedarstellung MHM ® Copyright © Digital Wisdom, Inc.

Alle Rechte vorbehalten. Reproduktionen, Speicherung in Datenverarbeitungsanlagen, Wiedergabe auf elektronischen, fotomechanischen oder ähnlichen Wegen nur mit der ausdrücklichen Genehmigung des Copyrightinhabers.

ISBN 3-89944-245-8

Text: Kirsten Wolf, Robert Fischer (www.vrb-muenchen.de)
Redaktion: Michael Kaiser; Robert Fischer
Kartenredaktion: GeoKarta
Bildredaktion: Wolfgang Kunth; Robert Fischer
Umschlag: Verena Ribbentrop
Layoutkonzept: Um|bruch, München
Gestaltung: Robert Fischer
Reinzeichnung: Dorothea Happ
Litho: Fotolito Varesco, Auer (Italien)
Druck: Neografia

Printed in Slovakia

Alle Fakten wurden nach bestem Wissen und Gewissen mit der größtmöglichen Sorgfalt recherchiert. Redaktion und Verlag können jedoch für die absolute Richtigkeit und Vollständigkeit der Angaben keine Gewähr leisten. Der Verlag ist für alle Hinweise und Verbesserungsvorschläge jederzeit dankbar.